U0894983

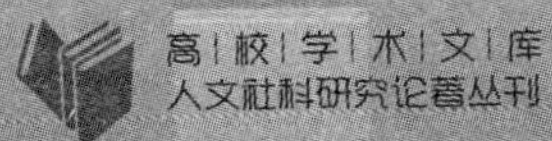

当代社会工作理论与实务探究

黄 慧 赵方方 著

图书在版编目(CIP)数据

当代社会工作理论与实务探究 / 黄慧,赵方方著. —
北京:中国书籍出版社,2018.4
ISBN 978-7-5068-6849-5

Ⅰ.①当… Ⅱ.①黄… ②赵… Ⅲ.①社会工作一研究
Ⅳ.①C916

中国版本图书馆 CIP 数据核字(2018)第 077870 号

当代社会工作理论与实务探究

黄 慧 赵方方 著

丛书策划	谭 鹏 武 斌
责任编辑	成晓春
责任印制	孙马飞 马 芝
封面设计	马静静
出版发行	中国书籍出版社
地　　址	北京市丰台区三路居路 97 号(邮编:100073)
电　　话	(010)52257143(总编室) (010)52257140(发行部)
电子邮箱	chinabp@vip.sina.com
经　　销	全国新华书店
印　　刷	三河市铭浩彩色印装有限公司
开　　本	787 毫米×1092 毫米 1/16
印　　张	17
字　　数	300 千字
版　　次	2018 年 10 月第 1 版 2018 年 10 月第 1 次印刷
书　　号	ISBN 978-7-5068-6849-5
定　　价	65.00 元

目　录

第一章　导　　论

社会工作是一门充满了价值理念和人文关怀的应用社会学科。它主要奉行利他主义,并旨在通过科学有效的方法帮助有困难、有需要的社会成员,促进其与社会环境相适应。那么社会工作到底如何界定,其性质、类型、对象、领域、目标、功能、构成要素等是什么,与其他学科有着什么样的关系。本章就对这些进行一一探讨,为之后的内容起到导引作用。

第一节　社会工作的定义、性质和类型

一、社会工作的定义

对于社会工作的定义,社会工作界可谓见仁见智。有些学者的定义比较详细。沃纳(Werner)认为,社会工作是通过注重人与环境互动中的社会联系,寻求其个体层面或群体层面社会功能的提升,从而恢复受损的能力(治疗和康复)、提供个人和社会资源(发展和教育)、预防社会负功能(早期的发现、控制和消除)。王思斌指出,社会工作是以利他主义为指导,以科学的知识为基础,运用科学的方法实施的助人服务活动。有些学者的界定则比较简单。如佩尔曼(Perlman)指出,社会工作其实就表现为“4P”,即人(person)、问题(problem)、机构(place)和过程(process)。一般而言,学者们对社会工作的界定与其时代和所处立场紧密相关。

有学者认为,社会工作的定义分三类,代表其不同阶段(李增

禄)。第一类定义把社会工作视为个人的慈善事业(individual charity),是中上阶层人士出于人道主义和宗教信仰面对贫困或不幸者进行的慈善施舍。这个定义代表了社工发展的最初阶段,各国社工发展初期也都如此。第二类定义把社会工作视为由政府和私人团体举办的以解决各种因经济困难导致的问题为目的之有组织活动(organized activities),包括对失业、贫困、老年等进行各种经济扶助、调查活动等。许多国家采用此种定义,并认为对贫穷的救助和预防是政府责任。第三类定义把社会工作视为政府和私人团体举办的专业服务(professional service)。此种服务不分性别、年龄、贫富,以协助所有人发挥最高潜能,使其获得最美满和最有效的生活,内容包括对贫困的救助、保障经济安全等。工作重心不仅是被救助者社会关系和生活的改善,更在于制度的调整和革新。对被救助者的工作也不仅在于物质提供,更包括专业服务。工作对象不仅包括贫困人士,而且已普及到一般市民。

从上述社会工作的诸多定义可以看出,其都涉及以下几个要素。一是工作对象(服务对象、案主或当事人)。社会工作的对象包含个人、团体(家庭或小组)、社区、组织、社会等多个层面。虽然社会工作开始将普通人士和处于社会高层的人士纳入服务范畴并主要针对其弱势领域,但是弱势人士始终是社会工作的最初对象和核心对象。二是服务提供者。社会工作一般由福利部门和服务机构(团体)实施,社会工作者(social worker)是其关键力量。三是目标。社会工作旨在促进人与环境的"适应性平衡"(adaptive balance)。其基础目标是发挥治疗性功能,帮助解决"人环互动"不当引发的问题。其中间目标是满足个人和社会的需要,使其更好地发挥社会功能。其最终目标是消减不公平,维护社会公正。四是手段。鉴于社会工作认为"人环失衡"源于两者的不当互动,其原因可能在于人和环境两方面,因此实现目标的手段就可以是助人自助从而帮助当事人提高能力,可以是推动社会环境的重新组合,也可以是上述两者的综合运用。

根据上述几个要素的理解,社会工作的定义可以表述为:福利部门和服务机构针对个人、团体(家庭或小组)、社区、组织、社会等与其外在环境的不当互动而形成的弱势情况,在专业价值观和伦理原则的指导下,运用专业知识、方法和技术,协助案主恢复和发展社会功能,促进其与环境的适应性平衡,推动社会和谐发展。

二、社会工作的性质

特质决定社会工作的优势和专长,直接关系到社会工作的合理性和必要性。人们一定会问,社会工作在多大程度上比其他助人方法能更好地解决人与周围环境的不平衡问题,在多大程度上能更好地将社会福利资源传递给人们,以更好地改善人们的生活呢?如果没有社会工作,许多社会问题是否照样可以获得很好的解决?台湾大学的古允文教授说:“在台湾福利发展的过程中,向来自认为是社会福利代言人的社会工作,却面临竞争的危机。在间接服务方面,大量其他系所的学生(如法律、劳工、公行、公卫、护理、财税、保险,甚至社会学)正努力进入制度式社会福利领域(如社会保险、健保、照护……);在直接服务方面,别忘了心理师也已成为社工师的强烈竞争对手。”在台湾,社会工作面临着其他专业和学科的挑战,大陆的社会工作比台湾起步晚,仅仅在最近的十多年中获得快速的发展。在高校,虽然社会工作系数量在不断增多,但它同样面临一系列的挑战,这些挑战不同于社会工作在台湾面临的挑战。首先,大陆的社会工作作为一门学科、专业,发展晚,专业化程度不高,许多老师并没有接受过社会工作专业系统训练;其次,大陆社会对社会工作并不了解,对社会工作的认识有不少误区,甚至不少人认为社会工作就是做社会工作的,把那些党群工作、社区居委会工作等都统统视为社会工作;最后社会工作在大陆的实践缺乏系统的社会政策支持,可用的社会福利资源相当有限。尤其是社会工作都与一定的情境有密切关系,需要从具体的社会情境和实践中不断总结经验和技巧,但是大陆社会工作在这方面做得非常不够。也就是说,大陆社会工作一方面作为学科发展并不成熟和系统，另一方面对自身的社会服务实践总结不够，因此，其特质还没有得到充分提升和展现。

迄今为止，对社会工作特质的一般性讨论和分析已经很多了。有的人认为，社会工作是一门综合性应用社会科学，具有助人自助、利他服务、民主客观、拥有专业性机构和组织等特质。也有人认为，社会工作具有重视个人整体性、环境重要性、社区资源的运用、关系和谐、助人自助、团队协作、民主参与、理论与实务结合、尊崇专业伦理、非营利、依托机构等特点。有人从社会工作的专业特征（以科学知识为基础、长期的专业教育和培训、权威机构鉴别、有同业控制团体等）、实务特征、实践活动和道德实践去把握社会工作的特质。美国学者法累等人认为，社会工作具有十六大特质：注重个人的整体性；强调家庭对个人行为塑造及影响的重要性；强调运用社区资源，以协助人们解决问题；透过督导过程，可为较少经验的社会工作者提供指导方向，也能让较有经验的社会工作者持续成长；社会工作具有独特的教育课程；社会工作的三大传统基本方法为个案工作、团体工作与社区组织；社会工作具有独特的专业组织；关系是社会工作助人工作中最重要的关键；社会工作注重精神病理的概念，并强调了解他人的重要性；社会工作强调社会互动；社会工作认为，社会问题与人类行为在某种程度上与人类的适合制度有所关联；大多数社会工作者受雇于机构；社会工作的基本目标是协助案主自助或社区自立；服务收费用于机构福利，而不是社会工作者的红利；社会工作者主要对个人与家庭提供服务与治疗；社会工作者能有效地发展与运用团队，并能统筹协调团队的服务和活动。

总的来说，社会工作最显著、最重要的特质是：以科学知识和专业技能为基础，以案主需求为导向，运用专业的技巧和艺术，调用各种社会资源（尤其是社区资源），通过团队协作的方式，改善案主（个人、家庭、组织、社区等）与环境的关系，增强其社会功能和能力。在这里，学科专业化是关键，不仅有系统的科学知识和专业技能，而且有一套严密的专业化评价、监督、标准系统，一方面有助于维护社会工作的专业权威，另一方面可以提升社会工作的专业化水平。另一个关键的特质是，社会工作是一门专业的艺术，它能有效地动员各种社会资源，准确地评估和把握案主的需求与处境，并能将各种资源合理地、有效地传输到案主那里，以满足他们的需求。同时，社会工作具有很强的反思能力，在不断总结社会工作实务中提升自己的专业水平，改进社会工作技巧，更好地满足案主的需求。此外，社会工作具有很强的价值取向，那就是服务他人，尊重他人的需求，尊重平等、公平和民主等价值。我们认为这些特质是社会工作得以获得社会接纳、认可和尊重的重要依据。那么用这些特质来衡量中国当前的社会工作，是否可以断定其已经具备？实际上，我国目前的社会工作还不具备以上特质，不过应当朝着这个方向努力。

确实，中国社会工作的特质并不明显和突出。虽然中国的社会工作发展轰轰烈烈，大学社会工作教育已广泛开展，许多地方政府也出台了相关文件，要培养当地的社会工作队伍，招用大批社会工作者，促进社会和谐建设。但是，我们看到的现实是，许多科班出身的社会工作毕业生不知道怎么开展社会工作，或者不愿从事社会工作；许多地方政府部门虽然雇用了不少社会工作者，但不知道怎么使用他们；不少社会服务机构雇用了社会工作者，却没有发现他们有独特的专长；还有一些人只接受了简单的社会工作培训，就自以为是社会工作者了。这些问题都说明，中国的社会工作没有具备鲜明的特质，因此在社会上就显示不出其价值，也许这里的问题不仅出在社会工作者身上，还与国家对社会工作的重视不够以及供社会工作使用的社会政策资源不足等密切相关。这就是当前中国社会工作面临的困境。

三、社会工作的类型

(一)按照工作手法分类

按照工作手法，社会工作可以划分为个案工作(case work)、小组工作(group work)、社区工作(community work)、社会工作行政管理(social work administration)、社会政策(social policy)和社会工作研究(social work research)等。

个案工作以符号互动论等理论为基础,以个人或家庭为服务对象,是社会工作者与服务对象的单对单互动。其目的在于协助人们解决本身能力和资源无法解决的问题,运用专业知识、方法和技巧去协助失调者,改善其环境,增进服务对象与社会环境的适应性平衡。例如,针对缺乏求职技巧者可采用行为修正方法,针对求职的错误想法可采用认知治疗法,针对情感问题可采用情感治疗法。

小组工作以群体动力论等理论为基础,凭借小组工作者的协助和引导,小组成员在各种社区机构的小组中发生互动,建立关系,并以个人能力与需求为基础,获得成长的经验,最终达成个人、小组、社区的发展目标(林万亿)。例如,领袖训练就可采用发展性小组方法,糖尿病人的知识训练就可采用教育性小组。

社区工作则以社会发展、社会计划等理论为基础,是以社区及其成员整体为对象的介入手法。它通过组织成员有计划地参与集体行动,解决社区问题,满足社区需要。在参与过程中,让成员建立社区归属感,培养自助、互助和自决的精神,加强其社区参与及影响决策的能力和意识,发挥其潜能,最终实现更公平、民主及和谐的社会。例如,居民自治能力强的社区可以采用地区发展模式,灾后重建宜采用社会策划模式。

社会工作行政管理是机构成员将社会政策转化为社会服务的连续的、动态的、社会行动过程,透过该过程将社会政策转化为具体社会服务,并使用实务经验来修正政策。例如,最低社会保障政策的落实和执行就以社会工作行政为基础。

社会政策是通过项目改变政策,通过社会行动改变环境,目标是防止和解决机构、社区和社会的问题,改善社区资源和社会服务。例如,开发西部就是针对地区经济发展不平衡而出台的社会政策。

社会工作研究是获取知识和发现事实的过程。在此过程中，社会工作及其他领域的理论与实务工作者使用社会研究方法，搜集和分析与社会工作有关的资料，协助达成社会工作目标。研究内容和研究目标与社会工作有关是其根本特征。例如，服务对象的需求评估、结果评估等就要采用社会工作研究。

上述几种方法在社会工作发展中得到认同的时间和力度有所不同，它们都已成为专业社会工作的重要组成部分，并已基本得到社会工作界的认同。

（二）按照社会问题分类

按照社会问题，社会工作可以划分为分别针对贫穷的社会工作、针对失业的社会工作、针对疾病、婚姻家庭、残障、吸毒、酗酒、犯罪、劳工、种族歧视等方面的社会工作，等等。这些通常被称为社会工作的实务领域。

（三）按照工作对象分类

按照工作对象，社会工作既可以划分为儿童社会工作、青少年社会工作、妇女社会工作、老年社会工作、贫民社会工作、残障者社会工作、劳工社会工作等，也可以划分为院舍社会工作、学校社会工作、医院社会工作、企业社会工作等。

工作方法总是应用于具体对象，并旨在改善和解决具体问题。所以，关于社会工作的类型，可以参照卡洛尔（Carroll）提出的社会工作实务架构，整合成图 1-1。

根据图 1-1，我们可以明确以下两点。

第一，仅仅针对或解决社会问题并不一定需要采用社会工作方法，仅仅旨在解决某类对象面临的问题和需要也不一定运用社会工作，只有当解题策略中应用了社会工作技术，这些方法才属于社会工作范畴。因此，社会工作技巧和方法是社会工作的核心，社会工作干预总是针对某些对象的具体问题而采用工作技术的过程。

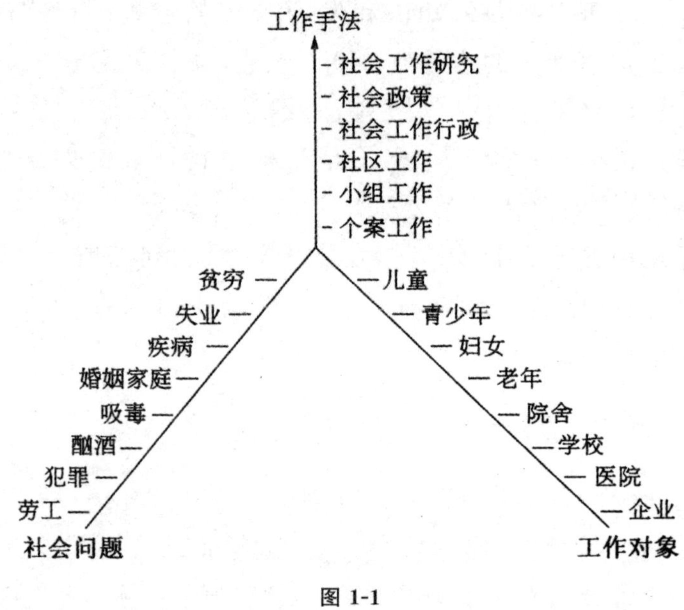

图 1-1

第二，针对同一对象的同一问题可采用多种社会工作技术。例如，针对失业人士求职行为不当，社会工作者可采用个案工作技术协助其改变，也可以应用小组工作方法使案主学习和掌握恰当的技巧。实际工作中，社会工作者的策略运用取决于其知识背景、个人经历、案主特性、社会资源和实践智慧。

第二节　社会工作的对象与领域

一、社会工作的对象

（一）社会工作的基本对象

社会工作对象是指直接接受社会工作服务的个人、群体或社区。从社会工作起源的角度看，早期的慈善家们最初帮助的是那些无家可归的流浪者、儿童和老人、因失业等原因而致的贫困者以及战争中的负伤者等。也就是说，社会工作最初帮助的是社会上最困难的群体。实际上，在各国社会工作发展的初期，社会工作首先帮助的都是社会上最困难、从道义上来讲最应该帮助的人。一般地，他们是由于生理、心理原因，或者由于个人无法抵御的社会和自然原因而陷于极度困境的群体。至今，发展中国家社会工作的基本对象依然是那些最“值得帮助的人”，如孤儿、孤寡老人、残疾人，以及因自然灾害和社会原因而陷入危险境地的人。这一方面是由社会所认同的基本道德所决定的，另一方面则是由于社会福利的支付能力所决定的。在现代社会中，社会的福利资源来自于各种社会成员的纳税，而且相对于福利需求来说，它常常是短缺的。在这种情况下，运用社会福利资源帮助社会上有困难的人就必然会首先选择最需要帮助的贫弱者。从社会道义的角度来看，这会实现福利效益的最大化，即最能体现社会正义。

(二)从个人到社区

社会工作最初基本上是以最贫弱的个人和贫困家庭为对象的。由于当时对社会问题的基本判断、补救式的社会福利制度以及社会福利资源的短缺，使得社会工作主要以救助贫弱人士和贫困家庭为主，而且经济上的救助成为其核心内容。20 世纪 30 年代以来，特别是第二次世界大战之后，社区也逐渐成为社会工作对象。早在 19 世纪中期英国的慈善机构开展社区睦邻运动时就开始了通过社区组织工作解决社会问题的探索，美国的社会工作者和社会学家也于 19 世纪末 20 世纪初的城市化过程中注重解决社区问题。20 世纪 20 年代，中国以晏阳初为代表的实践家和一批学者则创造性地开展了以解决农村问题和发展农村为目的的华北平民教育运动。①

20 世纪 30 年代，社区工作方法被认可，成为社会工作的基本方法。第二次世界大战结束后，新独立的民族国家(主要是农业

① 徐震．社区与社区发展[M]．台北：正中书局，1998：191.

国）将农村发展置于重要地位，联合国也积极在世界范围内推进社区发展运动，社区成为社会工作的重要对象。20 世纪后半期，发展中国家的反贫困、发达国家的社会融合问题都同社区密切地联系在一起，社区建设问题成为各国政府十分关注的领域。这样，社区组织、社区发展、社区融合也成为社会工作的一个重要内容。

社区成为社会工作的对象使得社会工作内容更为丰富，范围日益扩大。这不但要求社会工作者处理更加复杂的问题，而且也将其工作扩展至宏观层次。实际上，在个人与家庭层面开展工作同在社区层面开展工作虽有差异，但常常是互相联系且互相补充的。

（三）社会工作对象的扩大

随着社会的变化、社会问题的复杂化和社会的进步，社会工作的对象也在扩大，这主要表现为社会工作由补救性、治疗性向预防、治疗与发展相结合的方向发展。

补救和治疗是指问题发生之后而实施的救助活动。由于个人和社会原因，某些社会成员主要在物质生活方面陷入困境之后，由政府、社会服务机构对其实施物质方面的救助，这是社会工作最初的也是最基本的工作内容。后来，社会工作强调服务对象内在的能动作用，其价值观也由助人变为“助人自助”。这样，促进受助对象的能力发展以预防问题的再度发生就成为社会工作的重要目标。

福利国家的出现将社会工作面向贫弱者的救助，发展成为面对有需要群体的、全面的、制度化的关怀，不但对服务对象实施物质上的救助，而且施以心理上的支持和能力上的发展。在发达国家，随着社会变迁的加速、社会成员心理压力的增加，促进人们的精神健康也成为社会工作的重要任务，而这已不限于社会上的贫弱者，而是扩展至社会的中上层。这样，社会工作的对象就大大扩展了。比如，对工作压力大的中年群体予以心理支持，对物质生活无忧的老年群体实施社会支持，对边缘青少年进行辅导服务，对遭受不公正待遇的城市职工和失地农民实施维权服务，都属于社会工作的范围。由此，社会工作的对象已经扩大至所有遇到自己不能克服的困难而陷入危机状态的人。

可以说，随着社会的发展和社会问题的复杂化，社会工作的对象也发生着变化，它已经不再只是包括社会上公认的弱势群体，而是可能涉及所有社会成员。当他们因各种原因而遭遇危机时，都有可能进入社会工作对象的范围。社会心理学家埃里克森(Erikson)的人类成长理论曾经把人的一生分为八个阶段，认为每一人生阶段都有特殊的需要，当需要得不到满足时就会发生问题并遭遇危机。社会工作者有责任去帮助人们度过各种危机。社会工作学者西伯龄(Siporin)指出，社会应该有相应的福利服务制度帮助个人增强能力、克服危机，使人们可以正常地生活。这样社会工作就是针对人的生命的全过程的，其服务对象就可能是各种社会成员。

正如前面已经说过的，社会工作的发展与一个国家的经济、政治、社会结构和福利意识形态相关。由于经济发展水平、政治制度、社会结构及福利意识形态方面的差异，不同国家的社会工作的实际对象可能会有明显不同。比如，福利国家将所有国民纳入社会福利服务的范围，发达国家将大部分遭遇自身难以克服困难者纳入社会工作对象，而在大多数发展中国家社会工作只惠及那些最基本的对象。这种差别甚至可能发生于一个国家内部。

二、社会工作的领域

(一)社会问题与社会工作

从社会工作的产生及其发展历史来看，它是与社会问题的出现及解决联系在一起的。社会问题的出现以及人们解决这些问题的努力促进了社会工作的发展。默顿在其《当代社会问题》中指出，社会问题是指社会上多数人视为违背社会规范的一种行为。这一界定基本上是从宏观的社会结构的角度着眼的，它指的是在一定社会中并非个别存在的、与人们的意愿相背离的现象。实际上，社会工作所面对的社会问题有两类：一种是结构性或制度性的，即社会中较为普遍地存在的某种问题，如许多发展中国家存在的贫困、失业等。另一种是指社会性的问题，即由于受社会性因素直接或间接影响而产生的问题，这些问题有的是个别性的，但又是当事人自己无法解决的，也需要社会工作者提供帮助。例如，某些残疾人不愿参与社区活动，有的单身母亲的社会适应不良，等等。

对于不同类型的社会问题，社会工作可能会采取不同的应对方法。自然，社会工作要对各种有困难、有需要的人提供具体的服务。但是，对于结构性、制度性社会问题，除了提供具体帮助外，还要在政策、制度层面上做工作。任何社会都存在社会问题，在现代社会中，社会问题的多样化扩展着社会工作的领域，也促进着社会工作理论和方法的发展。

（二）社会工作的主要领域

社会工作的领域是指社会工作实施的、在社会生活中发挥作用的范围。社会工作领域有理想的和实际的之分。由于各国、各地区的经济水平不同，社会状况不同、社会问题不同、人们对这些问题的认知程度不同、社会工作的发展水平不同，所以社会工作的领域也不同。我国政府在推动社会工作发展的相关政策文件中指出，社会工作专业人才要在社会福利、社会救助、慈善事业、社区建设、婚姻家庭、精神卫生、残障康复、教育辅导、就业援助、职工帮扶、犯罪预防、禁毒戒毒、矫治帮教、人口计生、纠纷调解、应急处置等领域直接提供社会服务，这实际上是指出了我国发展社会工作的优先领域。从国际上的一般情况来看，社会工作领域主要包括以下方面。

(1)公共救助。公共救助也称社会救助，它是政府或社会服务机构对经济匮乏、物质生活面临危机的社会成员提供的物质方面的支持和帮助。公共救助是对因各种原因而导致基本生活陷入困境者的救助，其目的是保障当事人的生命安全和基本权利。公共救助是政府对其成员生存权利的最基本的保护，所以，它往往是现代国家的最基本的社会福利制度。社会工作者在实施这一福利制度的过程中扮演着重要角色。

(2)家庭服务。家庭服务也叫家庭社会工作，它是对因社会或家庭成员方面的原因而陷入困境的家庭进行的支持性服务。家庭服务是以家庭整体为对象的。当家庭因夫妻不和、亲子关系紧张、失业、疾病、迁移以及单亲等原因而出现较严重问题时，社会工作者介入帮助家庭解决困难和问题，促进家庭和谐就是家庭服务。在现代社会中，家庭服务是社会工作的重要领域。

(3)儿童服务。国际上的儿童服务指的是对未成年人的服务，即包括对儿童和少年的福利服务。最基本的儿童服务包括对失依、流浪儿童的救助，对受虐儿童的援助，对儿童的受教育权的保护以及救助童工、对沾染不良行为的少年儿童的帮助等。这些重要的儿童福利服务是由社会工作机构同其他机构共同进行的。另外，儿童服务也逐渐把儿童发展纳入自己的工作范围。国际社会非常重视保护儿童的权益，儿童服务是十分重要的社会工作领域。

(4)老人服务。老人服务或老年社会工作是社会工作的传统领域。不同民族都有不同的敬老尊老的文化传统。在现代社会中由于家庭小型化、社会流动频繁以及老人寿命的延长，对老年人的生活服务与精神关照，支持老年人正常生活就成为重要的任务。在这方面，老人家庭服务、医疗保健服务、社会适应服务及老人救助都是重要的社会工作领域。另外，老人发展服务、老人社会参与也是老人服务的重要内容。

(5)康复服务。康复服务是针对残障人士而开展的福利服务。残障人士因肢体残障或智力障碍常常被排除于正常的社会之外，这不但有个人方面的原因，更有社会方面的原因。康复服务通过物理治疗和精神康复，提高残障人士的机能，创造环境条件帮助他们参与社会生活、融入社会。对残障人士的康复服务有机构内康复、社区康复和职业康复等几种重要的服务方式。另外，帮助有劳动能力的残障人士就业、对残障人士实施法律援助对维护他们的合法权益发挥着重要作用，并成为残障人士社会工作的重要组成部分。

(6)学校社会工作。学校社会工作是以帮助学生正常地学习和健康成长为目的的服务。由于家庭出现问题、学生交友和学习适应方面出现问题，有些学生的学业会遭遇很大困难，甚至会影响学业的正常进行，这些学生就会成为社会工作的服务对象。学校社会工作主要有三种方式：治疗型学校社会工作是针对“问题学生”失常的心理和行为而开展的工作；变迁型学校社会工作是为了让学生适应社会的剧烈变迁而开展的工作，包括生活辅导、学业辅导和就业辅导等；社区-学校型学校社会工作则把社会工作延伸到学校外的社区，包括联系学生家长、支持学校的政策、实现家—校沟通、促进学校教育，对离校学生提供追踪服务，开展社区教育以利学生学习与成长等。

(7)就业服务。在现代社会中，失业是一个严重的社会问题，帮助有需要的人就业不但能使其获得经济收入，而且有助于他们参与社会。在劳动力市场中，某些人不能顺利就业，既有供求关系不匹配方面的原因，也有就业观念、求职技巧等方面的原因。社会工作可以在就业培训、职业辅导等方面做工作，促进就业。其中既包括对求职人员的劳动技能培训，也包括对其求职技能进行培训以及与劳动就业管理部门、用人机构建立联系，促成双方互相了解和相互接纳，实现就业。就业之后，社会工作也可以在福利保障、劳动保险、职业康复以及人力资源发展等方面继续对职工给予支持，这就是企业社会工作的内容。

(8)矫治服务。矫治也称矫正，它是司法机关和工作人员通过各种手段使犯罪者或有犯罪倾向的违法人员得到思想上、行为上的治疗，使他们重新融入社会的活动。矫治社会工作则是指专业社会工作者和志愿人员运用专业理论和方法对罪犯或有犯罪危险的违法人员提供思想教育、心理辅导、行为纠正,使之消除犯罪心理结构,修正其行为模式,以适应正常的社会生活的服务。矫治社会工作在改造罪犯特别是挽救少年犯罪者方面发挥着独特的作用,其主要方式有司法前的调查服务、对在监服刑人员的辅导、对缓刑和假释人员的观护以及对刑满释放人员提供的服务等。

(9)心理健康服务。在现代社会中,心理压力已成为普遍的社会问题,对于那些遭遇不幸的人来说,心理和精神压力直接威胁着他们的生活和工作。社会工作者可以通过心理辅导帮助他们舒缓心理压力,进而使他们正常地投入工作和生活。另外,对于那些有较严重精神疾患的人来说,社会工作者可以对他们进行精神健康方面的服务和治疗。心理辅导与心理咨询不同,心理辅导是社会工作者采用专业方法对有需要的人进行的服务,这在发达国家已相当普遍。

(10)医疗社会工作。医疗社会工作是在医疗、卫生、保健工作中实施的社会工作。传统的医疗社会工作着重在医疗机构内为病人服务,现在,它的工作领域也扩大至促进保健和疾病预防。医疗社会工作首先是针对患病者进行的服务工作。在这一领域中,存在许多社会方面的原因妨碍对患者的有效医治。一方面是某些人士因贫困而不能就医,另一方面是在医治过程中因医患关系不协调而影响医疗效果。这些都不是医生和医术所能解决的问题。社会工作者介入其中,对患者实施帮助和服务,实施社会诊断和社会治疗,能够改善患者的健康状况。在发达国家,都有相当数量的医疗社会工作者在医院服务。另外,在公共卫生政策方面,社会工作者发挥着重要的作用。

(11)乡村社区发展。在发展中国家有大量社会工作者从事农村社会工作,其主要工作是推动农村社区发展。这些社会工作者有的是本国政府和社会工作机构的工作人员,有的是国际组织的雇员。社会工作者进入落后农村同当地政府、居民和其他方面的专家(如发展经济学家、社会学家、地区发展规划专家)等一道从事经济发展和教育、卫生等方面的发展工作。这是一项综合性的、长期的发展活动，常常包括选择和推广新发展项目，进行社区规划，发展社区教育与社区卫生事业等，社会工作者在其中发挥着重要作用。反贫困、改善当地生活条件、促进教育和卫生发展，这些是乡村社会工作最重要的工作。

(12)军队社会工作。由于军队一般与社会隔绝，军队生活对军人的严格约束，也由于军队的流动性以及军人的婚恋、家庭、未来职业取向等方面的原因，军队中可能存在着某种不利于提高军人士气的因素。军队社会工作可以通过开办多种形式的服务活动、心理辅导和促进其发展的活动，帮助军人解决其家庭及生活方面的实际问题，克服消极因素，提高士气。

(13)社会保险服务。社会保险是现代社会保障制度的重要组成部分，它是通过一定措施向因工伤、意外事故、退休等原因致使劳动者及其家庭成员的收入减少而提供的经济上的援助。它是通过个人贡献与社会互济相结合的方式保障人们基本生活的措施。在这方面，社会工作者可以向当事人实施政策咨询、协助办理保险业务等方面的工作。它与国家的社会保障制度紧紧地联系在一起。

(三)扩展中的社会工作领域

既然社会工作是解决社会问题的，那么，社会问题的变化和新问题的出现就会带来社会工作领域的扩展。从社会工作基本对象和方法及价值观的变化可以发现社会工作的领域是不断扩展的。当今，社会工作的领域还在进一步扩展，以应对一些新问题。这些问题有的是全新的社会问题，有的是老问题在新形势下有新表现，但都需要社会工作回应。比如，社会工作者介入环境保护工作，从事对艾滋病患者的治疗与帮助，帮助农民工子女适应城市生活，等等。除了把为弱势群体服务当作主要任务之外，社会工作也尽量满足社会的广泛需要，以促进社会福利的发展。

第三节　社会工作的目标及其功能

一、社会工作的目标

社会工作的目标主要分为服务对象层面的目标、社会层面的目标和文化层面的目标。

(一)服务对象层面的目标

(1)解救危难。危难是因社会或个人原因,个体的身体受到严重损伤、个人的基本生活能力受到严重削弱,致使其自身生存受到严重威胁,以致生命遭遇危机的状态。面对危难,社会工作的基本目标就是寻求资源(包括物质资源和社会资源),支持受助者,帮助他们走出困境。

(2)缓解困难。困难包括物质方面的困难和精神方面的压力。面对困难,社会工作的目标就是帮助有困难、有需要的人缓解压力并克服困难。

(3)激发潜能。人的能力包括已充分发挥的能力、部分发挥的能力、被压抑的能力和尚未被发掘的潜能。社会工作者的工作就是要激发人们被压抑、被忽视的能力,调动其内在积极性,并配以外部条件,帮助其走出困境。

(4)促进发展。这种目标就是要实现人与社会环境的相互协调,使个人和社会都能更好地发挥功能。当一个人或一群人遇到困难时,社会工作者就会施以援手。通过增加知识、学习技能、学习建立人际关系等方式,使个人或群体得到发展,实现自己的人生目标。

(二)社会层面的目标

这一层面的目标是社会工作的核心目标。它主要包括以下两个方面。

1. 解决社会问题

社会工作认为社会问题是社会上大多数人遇到的问题，这些问题影响着他们的正常生活。同时，社会问题也指那些与社会因素有关的问题，包括因经济、政治、文化、社会关系等各种原因而产生的。

社会工作者秉持专业价值观，用专业方法介入社会生活，就是要解决个人、家庭、群体、社区和社会等方面的问题，帮助服务对象增强自身功能，修复社会的机制，解决和预防社会问题。社会工作者在解决社会问题的过程中，既要增强服务对象的能力，也要解决社会制度安排方面的问题。

2. 促进社会公正

社会公正是指一个社会根据一定的价值观念，在经济、政治等资源分配方面所具有的正当性的状态。公正包括机会公正、过程公正和结果公正等内容。社会公正是社会主义制度的本质特征，追求和实现社会公正是社会主义制度的发展目标，也是社会工作的基本目标。

为了促进社会公正，社会工作者从多个方面介入社会生活，对不公正现象进行干预。具体包括：为困难群体提供帮助，增强他们参与社会生活的能力；促进不公正制度的改变，为困难群体参与社会生活提供更多的机会和制度保障等。

（三）文化层面的目标

（1）弘扬人道主义。人道主义是产生于欧洲文艺复兴时期的一种思想，它提倡关怀人、尊重人、人格平等。人道主义也是健康社会的基本道德准则。社会工作秉承为困难群体服务的行动和精神，通过向社会宣传，倡导互助、助人精神，促进人们互相关爱、相互扶助，弘扬人道主义精神。

(2)促进社会团结。社会团结是人们之间因为利益和价值相关而形成的相互亲和、相互包容、合作共事、共同发展的状态。社会工作者可以通过自己的活动,帮助有困难的人脱离困境,发展社会支持网络;通过组织互利活动来促进人们之间的相互合作,建构相互关怀的社会环境,促进社会团结。

二、社会工作的功能

(一)社会工作对服务对象的功能

社会工作是一种专业的助人活动。我国政府在发展社会工作的政策文件中指出,要充分发挥社会工作者在困难救助、矛盾调处、人文关怀、心理疏导、行为矫治、关系调适等个性化、多样化服务方面的专业优势。社会工作的功能主要有以下几个方面。

1. 提供物质帮助

社会工作可以对有困难、有需要的贫困人士提供物质或经济上的帮助。由于社会变迁、家庭或个人原因,有些人可能会一时或长时间地陷入贫困状态。在这种情况下,物质支持对于解决贫困人士的困难是重要的,甚至是第一位的。社会工作者可以联系某些社会资源,帮助他们在合法条件下获得某种物质上的支持,在某种程度上解决其生活方面的困难。比如通过政策方面的服务使他们获得制度规定范围内的经济和物质支持;通过与非营利组织、社会服务机构的连接使他们得到优惠的甚至免费的帮助等。社会工作的许多对象是经济上困难的人士,社会工作的基本任务之一就是帮助这些最困难的人。

2. 给予心理支持

某些生活上陷入困境的人士在许多情况下并不是因为经济原因,而是由于社会关系失调或事业上的压力等原因所致。社会工作者可以通过心理辅导、发展社会支持关系等方法，帮助他们认识压力、缓解压力，积极地对待生活和挑战。在现代社会中，社会变化的节奏越来越快，社会生活越来越紧张，社会关系重组的频率不断增加。在这种情况下，有些人产生心理焦虑和紧张都是在所难免的。社会工作能够帮助这些人士缓解心理压力，建立支持关系，减少人们的心理紧张和孤独感，更好地参与社会生活。

3. 促进能力发展

社会工作的基本价值观念是助人自助，社会工作不但要具体地帮助有困难的人士解决困难，而且要帮助他们增强自己的能力来应付各种挑战，即帮助他们增强战胜困难的能力，以达到自助。人们对所遇问题的解决离不开外部条件，但是个人的内在因素也是关键的。个人能力的提高不但有利于解决现时的困难，而且对于应对未来社会生活中的困难也有重要帮助，并能促进他的发展。正是基于此，社会工作特别强调服务对象的能力发展。社会工作所关注的能力发展不只是指技术性能力，而是指在现实社会中生活的能力以及获得应有发展机会的能力。

4. 维护合法权益

维护社会弱势群体的合法权益是政府与社会的责任，也是一个社会公正程度的表现。在激烈的社会竞争中，弱势群体的合法权益被侵犯、受损害的情况还是时有发生的。社会工作是为有困难的人士服务、追求社会公正的专业，它把维护弱势群体的合法权益置于重要位置。在服务对象受到不公正待遇时，社会工作者要伸张正义，通过服务、宣传、影响社会政策等方式帮助弱势群体，争取和维护其合法权益。

(二)社会工作对社会的功能

社会工作是一种新兴的专业，它能存在，且发展前景非常好，同时令世界各国都非常重视社会工作，鼓励社会工作发展，其主要原因就在于社会工作的社会功能。

1. 解决现存社会问题

影响社会和谐稳定的主要原因是社会问题的存在。社会问题是普遍存在的一种特殊社会现象，任何一个社会都存在社会问题，而在全球化的现在，一时一地的社会问题可能会波及全球，如人口问题等。社会问题的存在严重影响了社会的和谐稳定，也妨碍了一部分社会成员的正常生活。社会工作存在最主要的原因就是社会工作不但能够帮助社会中的弱势群体解决其自身的问题，也能够解决社会中存在的社会问题，促进社会稳定和谐，推动社会的发展进步。尤其是在中国，我们提出要"构建社会主义和谐社会"，就是因为社会中存在很多不和谐的因素，存在大量社会问题。什么样的问题是社会问题呢？某个人生病不能上班是不是社会问题？不是，这是个人身体疾病。那么社会问题是社会焦点问题，还是人们高度关注的社会现象？这都有必要界定一下。

国内有学者把社会问题定义为："社会中发生的被多数人认为是不合需要或不能容忍的事件或情况，这些事件或情况影响到多数人的生活，且必须以社会群体的力量才能进行改革的问题。"而在王康主编的《社会学词典》中，社会问题则被定义为："在社会变迁过程中，某些社会活动和社会关系发生了与现实的社会环境失调（即相异或发生矛盾），并引起了人们的普遍注意，需要以社会的力量来解决的现象。"

本书认为，社会问题是指那些影响了社会中多数人正常生活，妨碍社会协调发展，引起社会大众普遍关注的，需要动用社会力量加以解决的问题。社会问题以客观性社会事实为依据，即社会问题是生活中确实存在的某种问题，而且十分具体，不是存在于人的头脑中的主观臆想。如中国人口过多问题，这就是基于我国几次人口普查超过13亿，可耕地1亿公顷，总结出的庞大的人口已成为经济发展、社会进步的沉重负担的客观事实。

社会问题是相当数量的人的公共麻烦。引起社会问题的现象通常是一种公共问题，而非个人烦恼。

社会问题违背了社会的主流价值原则和社会规范。某些社会现象或社会行为之所以被定义为社会问题，主要是社会上绝大多数社会成员认为这种现象或行为有悖于社会主导价值和主导规范。

社会问题的产生与人的道德抉择有关。人的行为具有一定的目的性，且由主观意志支配。有些社会问题由自然因素引起，如地震等，不是社会问题，和人的意志无关；但如心脏病这样的医学难题、生理疾病问题，或艾滋病这样的社会问题或全球社会问题，人的行为因素就变得极其重要。

社会问题的大量存在会严重影响社会的和谐、稳定和进步。而社会问题所造成的影响也是社会性的，所以消除和解决社会问题不是少数人努力可以改变的，必须通过社会力量的合作来解决。所以社会工作对社会的主要功能就是治疗社会疾病，解决现存社会问题。

2. 预防社会问题发生

社会问题发生之后，其破坏性消极后果就已经出现。为了减少可能发生的损失和痛苦，社会工作应当防患于未然，采取积极主动的态度预防社会问题的发生。目前有三种措施：一是建立预警系统，预测社会变迁可能带来的问题，向社会或可能受影响的人发出警报；二是增强社会成员应对、解决问题的能力；三是强化社会支持体系，健全社会上的助人系统，以便对可能出现的问题做出及时有效的反应。

社会工作只是社会调节机制的一个重要组成部分，因此它的社会调节功能是有限的，我们不能扩大社会工作的作用。同时，社会工作主要从人的角度关注社会问题，并不是关注所有的社会问题，也不可能解决所有的社会问题。例如犯罪问题，它一直是困扰各国的主要社会问题。而解决犯罪问题的一般方法是完善法律，并对犯罪行为分析、严惩。这会引发另外一个问题，就是解决犯罪问题的成本不断增加，导致公众利益遭受损害。对于这样的问题，社会工作者有自己的看法。社会工作首先考虑的是怎样做对人有利，这个人包括受害者、犯罪分子、社会上的其他人。社会工作的介入要帮助这些人，而不仅仅是受害者，从而体现了社会工作的协调功能——促进社会和谐。

3．促进社会和谐，维护社会秩序

社会稳定是社会进步的条件。社会工作的重要功能之一就是促进社会的稳定和谐，维护社会秩序。社会工作可以通过以下方式维护社会稳定，促进社会和谐。

(1)通过解决社会问题维持社会稳定

社会问题一旦产生，必然破坏社会秩序，影响社会稳定。社会工作通过帮助个人和群体解决面临的问题，消除社会不安定的因素，从而达到维持社会秩序的目的。

(2)通过预防社会问题的出现维持社会稳定

社会问题的出现必然造成对社会的冲击，社会工作者可以从预防的角度开展工作，不仅使社会成员免遭痛苦，而且也避免了社会问题对社会秩序和社会稳定的冲击，使社会处于持续稳定的状态。

(3)通过参与制定社会政策维持社会稳定

有些社会问题的出现主要是个人方面的原因，虽然社会因素也会在其中发挥影响作用，但对于另一些较为普遍性的问题来说，社会因素就是主要原因。这时，对问题的解决就需要在政策和制度层面下功夫。社会工作者在解决具体问题的过程中，对政策会有许多深刻的见解，因此可以提出关于制定和完善社会政策的建议，参与并促进合理的社会政策的出台，使社会在更加公正的制度框架下运行，这是在制度层面上促进社会进步。社会工作者通过对社会政策的干预，谋求社会公平，也在客观上起到了维持社会稳定的作用。

第四节　社会工作的构成要素

社会工作是服务于人的工作，或者说是同服务对象一起进行的工作，是社会工作者与服务对象的互动过程，这一互动过程有着丰富的内涵。首先，社会工作服务不是一次性完成的，而是一个渐进的、使服务对象改变的过程；其次，在这一过程中，社会工作者是服务的主体，需要设计与引导服务对象，但服务对象也不是纯粹被动的客体，他的意识与行动也反过来会影响社会工作者的判断和理解，最终形成一个符合社会工作要求的行动。作为一种专业助人活动，社会工作涉及社会工作者、服务对象、社会工作价值观、助人活动和专业助人方法等几个基本构成要素。

一、社会工作者

没有社会工作者就没有社会工作，所以社会工作者是社会工作的基本要素。甚至可以说，社会工作者与服务对象（受助者）是社会工作的两个缺一不可的要素。

"社会工作者"这个专业术语在1900年由西蒙·帕顿（Simon N. Patten）提出。在他的原意中，"社会工作者"一词包括当时正在英美等国家开展的慈善组织会社中的"友善访问员"（friendly visitors）和睦邻组织运动中的"社区睦邻工作员"（settlement house residents）。他们是一批对社会弱势人群有爱心、有热情的志愿工作人员，前者的工作是走访申请救济的家庭，了解情况，以保证社会救济物品分发到真正有需要的家庭；后者与落后社区的居民生活在一起，帮助他们重建理解与合作，解决他们的生活难题。很显然，这时的社会工作者并不能被称为专业的工作人员。美国社会工作者协会曾对社会工作者做出如下界定："毕业于社会工作学院，运用他们的知识和技巧为个人、家庭、社区、组织和社会提供社会服务的人员。社会工作者帮助人们提高解决问题的能力,帮助他们获得所需要的资源,促进个体与人们及其环境的互动,促使组织负起对社会的责任,影响其政策。”从专业意义上,我们认为,社会工作者是遵循社会工作价值观,运用专业的教育理念和专业方法从事职业化社会服务的人。应该说明的是,“社会工作者”不只是一个个体概念,也是一个群体概念。从事社会工作的人不仅指单个的社会工作者,还指一个机构和一个团队。例如,在老人福利院开展老人关爱活动,在社区开展和谐家庭活动,都需要社会工作者的合作,或者社会工作机构的规划与协调。

目前,国际社会工作界认可的社会工作者必须符合以下条件:(1)持有社会工作执业证照;(2)具有社会工作专业教育的背景;(3)受社会工作道德伦理和职业守则的制约;(4)从属于社会工作专业组织和协会;(5)以社会工作为职业。

由于社会工作者是助人活动的主体,因此社会工作者的素质、能力和经验直接影响着社会工作的进程和成效。在助人过程中,社会工作者需要扮演各种符合社会情境的角色,形成他们在社会服务中应有的行为模式。

二、服务对象

社会工作的服务对象指直接接受社会工作服务的个人或群体,也称受助者、来访者、案主或工作对象等。

社会工作的服务对象涵盖了哪些人群?正常人是不是社会工作的服务对象?要回答这些看似简单的问题,我们必须了解社会工作提供服务的起源和发展。在早期的慈善活动及各国社会工作发展的初期,被帮助的对象都是社会最边缘、最困难的群体,他们是无家可归的流浪者、儿童和老人、各种原因导致的贫困者。这些群体至今仍然是发展中国家社会工作服务的对象人群。在这一阶段,社会工作的基本方法“个案工作方法”正式诞生。也正是因为社会工作刚开始起步时提供服务主要采用个案工作方法，那时就把服务对象统一称呼为“案主”，这一称呼一直沿用至今。而20世纪30年代以后，特别是第二次世界大战之后，社区也逐渐成为社会工作的对象。这一时期，社会工作的基本方法——社区工作方法被认可为社会工作的又一方法。20世纪50年代以来，发展中国家的反贫困问题、发达国家的社会团结问题都同社区密切相关，甚至社区建设也成为政府十分关注的问题。此后，社区组织、社区发展也成为社会工作的一个重要内容。此时社会工作的基本对象实现了第一步拓展——由个人到社区。社会工作内容也得到丰富和扩大，在关注个人与家庭的基础上，将解决社区的综合性的经济社会问题作为自己的任务。社会工作专业的工作由个人和家庭的微观层面与社区的宏观层面形成互补。随着社会的发展和进步，发达国家在20世纪50—70年代开始福利国家的建构过程，将社会工作的对象不断扩大，社会工作的性质由补救性、治疗性向治疗与预防、补救与发展结合的方向发展。此时社会工作的基本对象实现了第二步拓展——从被各种危机困扰的人群扩展到全体国民。也就是说，所有的正常人群都可能成为社会工作的服务对象。

服务对象或受助者的存在是社会工作得以发生的基本前提。没有服务对象或受助者，社会工作就失去了目标，失去了必要性。

三、社会工作价值观

有些社会工作者常常担心自己会和“居委会的阿姨”一样，凭经验办事。可事实上，社会工作者和“居委会的阿姨”并不一样，因为社会工作者是专业人士。那么，社会工作者的专业性体现在哪里呢？那就是必须秉承的社会工作价值观。许多为人类服务的社会性或经济性工作都基于无价值取向的前提。与此相反，社会工作完全不能回避价值观在其实践中的重要性。

价值观从一般意义上来说，是指“一些内在的需要”或“偏爱的事物”。社会工作中的价值概念属于哲学范畴，是对社会中的是非、善恶、真伪和美丑的一种判断或评价。例如，一位身患绝症的老人因难以忍受疾病的痛苦而决定自杀，医生和社会工作者能让服务对象自决，同意他的自杀请求吗？作为社会工作者，你的服务对象要求代人生子，你怎么看待？你同意让同性恋者在学校里教书吗？在社会工作中，如何对这些问题做出抉择？这都涉及价值和伦理问题，只有熟知和掌握了社会工作的价值观及其原则，才能做出符合专业要求的选择。

具体来说，社会工作价值观，是指一整套用以支撑社会工作者进行专业实践的理念和判断。它包括社会工作对助人活动的看法、对自己和服务对象的看法。社会工作价值观根源于西方的宗教思想和工业文明的发展，因此它非常注重个人的价值和尊严，以新教伦理、人道主义、实证主义、乌托邦思想为哲学基础，以利他主义为核心，以保护人的生命为第一原则，充分体现了热爱人类、服务人类、促进公平、维护正义和改善人与社会环境关系的理想追求，成为社会工作者专业实践的精神标准。

目前，国际社会工作共同认同的社会工作价值观包括以下几方面。

(1)服务。社会工作者应当超越个人利益，为他人提供专业服务。

(2)社会公正。社会工作者追求社会变革，特别是与弱势群体一道工作，并代表他们寻求社会变革。

(3)个人的尊严和价值。社会工作者对每个人都给予关心和尊重，意识到个体的差异和文化及种族的多元性。

(4)人与人之间关系的重要性。社会工作者认识到人与人之间的关系是重要的变革工具。

(5)诚信。社会工作者始终意识到专业的使命、价值观、伦理原则和伦理标准，并以与之相适应的方式开展实际工作。

(6)能力。社会工作者不断致力于增进专业知识和技能，并将其运用到实际工作中。

另外，在社会工作实践中，还形成了社会工作专业的六个价值观原则，包括以下几方面。

(1)接纳。接纳意味着对所有的服务对象，社会工作者都应当保持宽容、尊重的态度，不因为民族、性别、年龄、职业、社会地位、政治信仰、宗教信仰以及精神或生理残疾等因素而对他们有所歧视、排斥，或拒绝提供服务。

(2)尊重。尊重的含义不仅在于对服务对象保持符合社会文化习俗的礼节和称谓，更重要的是要深刻理解服务对象生命存在的价值、获得个人发展以及改善生活水平的权利和机会，并在此基础上，为他们提供适当的资源和优质的专业服务，满足其生存和发展的需要。

(3)个别化。求助者来求助时，需要被当作与别人不同的个别的人来看待，所需要的帮助也是与别人不同的。工作中应防止刻板化，防止对求助者产生先入为主的成见。

(4)自决权和知情同意(服务对象自决)。服务对象自决原则承认服务对象有权利在充分知情的前提下选择服务的内容、方式，并在决策中起到主导作用，社会工作者只是处于分担、支持、提示的地位，他可以告诉服务对象如何获得帮助，但该建议是否被采纳则由服务对象自己决定。

(5)保密。社会工作者应当保护服务对象的隐私。未经服务对象允许，社会工作者不得向第三者透露涉及服务对象个人身份资料和其他可能危害服务对象权益的隐私信息。但是，保密的权利不是绝对的。

(6)非批判。非批判是指社会工作者不应将自己的价值观强加于服务对象身上，不应指责和批判服务对象的言行和价值观，也不能向服务对象发泄自己的负面情绪。

社会工作价值观之所以如此重要，是因为社会工作价值观是社会工作的灵魂，社会工作是在其价值观的指导下进行的。主要理由有以下几点。

(1)社会工作源于对特定价值观的坚信不疑，也隐含了社会工作者在社会中的角色。有些社会工作者会选择他们认定的受害者给予帮助,有些社会工作者选择对犯罪者进行帮助,有些社会工作者选择为低收入家庭服务,有些社会工作者则选择为富有家庭服务。这些选择都会受到社会工作者价值观的影响。

(2)社会工作者的价值观也会影响服务方法的选择。有些社会工作者偏好对行为偏差的少年运用当面对质的技巧;有些社会工作者则批评当面对质技巧缺乏人性化的考量,强调服务对象自我决定权。

(3)社会工作者的价值观会影响他们如何解决专业责任与义务冲突时发生的伦理两难问题。伦理两难问题通常涉及价值冲突。社会工作者要面对五种价值观的冲突:社会的价值观、服务对象的价值观、机构的价值观、社会工作者的个人价值观、社会工作专业的价值观。例如,社会工作者一方面要尊重服务对象自决,另一方面又要遵守虐待儿童须通报的法规。社会工作者在冲突出现时要优先考虑社会工作的价值观。

因此,社会工作作为专业的、职业性的助人活动,只有在牢固的价值观的指导下,才会自觉地、持久地进行,才会尽最大可能去帮助他人、服务于工作对象。

四、助人活动

助人活动是社会工作者依据其价值观向服务对象提供帮助或服务的行动,也是社会工作者与服务对象的互动及合作的过程。助人或服务活动将服务对象的需求与社会工作者的服务活动联结起来,并通过连续的活动去实现社会工作的目标。由此看来,助人活动是社会工作最核心的部分,没有助人活动将各种要素联结起来就没有社会工作。

当然,不能将助人活动简单地理解为社会工作者对服务对象的单向支持,即认为它只是社会工作者简单的、提供帮助的活动。实际上,助人活动是双方围绕解决困难和问题而展开的持续互动。在助人活动中，社会工作者经过分析求助者或服务对象的问题，选择科学的、适合服务对象需要的服务方法，向其提供服务。而服务对象则根据自己的需要对社会工作者的帮助行为进行理解并做出反应。在这种互动过程中，双方互相理解对方的行动，相互合作，共同达到克服困难、解决问题的目标。助人活动反映了价值观和工作方法，是社会工作的基本实践活动。

五、专业助人方法

社会工作的助人方法作为达到助人目的的手段和措施，在服务过程中居于十分重要的地位。社会工作的助人方法是社会工作者群体在长期的助人实践中形成的、经过实践检验行之有效的做法，是一些具有很强操作性的实务工作方法。社会工作方法一般分为直接服务方法和间接服务方法两大类。直接服务方法是给服务对象直接提供社会服务，通常包括社会个案工作、社会团体工作和社区工作。间接服务方法指对服务对象实施帮助前的社会工作活动形式，通常包括社会工作行政、社会工作督导、社会工作咨询和社会工作研究等。①

（一）社会个案工作

这是社会工作中最先发展起来的一种科学的专业服务方法，对象是作为社会成员的个人或作为社会细胞的家庭。运用各种现代科学知识与技术，帮助个人或家庭发掘和运用自身及其周围的资源，解决或预防困难和问题，改善个人或家庭的生活，使之与社会环境之间形成良好的适应关系。

（二）社会团体工作

以团体为服务对象，主要运用科学知识协调团体与成员之

① 全国社会工作者职业水平考试教材编写组．社会工作综合能力（初级）[M]．北京：中国社会出版社，2011：22.

间、成员与成员之间及团体之间的各种关系，促进团体成员与团体生活的健康发展，使团体及其成员能及时克服困难，解决面临的各种问题。

(三)社区工作

以社区为对象开展社会工作的一种方法，包括社区组织、社区服务与社区发展。任务主要是了解社区的问题与需要，利用社区的人力、物力、资源，争取社区外的配合、协作与支持，帮助社区及时解决面临的困难与问题，改善社区生活环境及生活质量，实现社区和谐发展。中国城市的居民委员会与农村的村民委员会是具有中国特点的社区工作组织。

(四)社会工作行政

通过政府的社会行政机构和各种社会事业机构的行政工作，贯彻执行国家与地方社会工作的方针、政策，发挥行政功能，促进社会工作发展。

(五)社会工作督导

通过规定的程序对社会工作及其专业教育的计划方案的实施进行评估，传授社会工作专业的理论、知识、经验和方法，提高社会工作和教育的质量，保障服务对象的权益。它是社会工作行政的重要辅助形式。

(六)社会工作咨询

对社会工作者或服务对象提供有关的信息、情报、资料和技术，以提高有关人员的素质与服务能力和解决困难、问题的能力。

(七)社会工作研究

通过对社会工作的科学研究，包括对社会福利政策、各种社会服务项目、社会工作实践、社会工作评价等的研究，提高社会工作者的专业知识、技能及其服务水平。

第五节　社会工作与其他学科的关系

一门学科只有放在与其他学科的比较中才能显示其特色和属性，同时，也可以找到其学术来源和知识路径。与其他学科相比，社会工作的明显特色是其应用性、实用性和操作性，与此同时，它也是一门吸取其他许多社会科学理论知识而加以具体化、操作化的应用学科，可以说是一门综合应用社会科学理论的学科。社会工作的理论基础，一方面包括来自其他社会科学的理论，它们被频繁地吸收进社会工作专业的实践中，另一方面也包括社会工作者在长期的实践中总结发展起来的系统的工作方法和干预模式。对社会工作影响最大、关系最密切的学科有社会福利、社会政策、社会学、心理学、经济学、管理学等学科。为了加深对社会工作这门学科的认识和把握，有必要简单地梳理它与这些学科的关系。

一、社会工作与社会福利的关系

社会工作、社会福利、社会保障容易混淆，事实上，有学者认为，社会工作就是一种社会福利。“社会工作与社会福利这两个名词常被混淆，有时还被当成同义词。事实上，社会福利的含义较广，其包含了社会工作、公共福利，以及其他相关的方案与活动。……有许多不同的专业人员在从事社会福利服务，然而社工员一直是最主要也是最重要的福利服务提供者。事实上，历年来社工员一直扮演着社会福利与社会工作的中心要角。”在法累等人看来，社会工作是社会福利的一部分，是落实社会福利的重要载体和操作者。“直至二十世纪，社会工作益加成形，紧接着的几十年中，社会工作逐渐成为一项专业——其具专门化及现代化，是社会福利整体中的一部分。”有学者认为，社会工作虽然与社会福利联系密切，但是两者还是有所区别的。二者的区别在于，无论是广义的社会福利，还是狭义的社会福利，社会福利都是指一种社会政策:社会工作则是具体服务的提供，是实现社会福利的手段。其实，社会工作不仅是社会福利的实现手段，而且也是其他一些社会科学理论（比如心理学、医学、精神病学等）的实践者。

具体地说，社会工作与社会福利之间的关系表现为以下几方面。

首先，社会福利是社会工作的基础。社会福利资源多少、政策好坏等，都会影响社会工作。社会福利资源少，显然不利于社会工作，因为社会工作就缺少足够的资源支持。一般来说，在社会福利资源多、社会福利政策好的国家，社会工作发展得也比较好，发达国家的情况就说明了这一点。同样，社会福利资源少的国家，社会工作也就不那么发达，许多发展中国家就是如此，过去中国的情况也是这样。

其次，社会工作是社会福利的专业化输送者。社会工作在实践中形成了一套专业化的技术，培育了大批专业人才，所以，它在输送社会福利资源上有着不可替代的优势，如个性化、多元化、人性化等。社会工作会针对案主的个人特性、需求以及所处的社会文化背景，将社会福利更好地落实到案主那里，这是没有接受过社会工作训练和教育的人所做不到的。

再次，从广义上看，社会工作是社会福利的组成部分。社会福利是指所有改善人类生活的努力和做法，包括社会福利政策、社会福利制度和社会福利行动，首先解决的是人们的生活安全问题，在此基础上提升人们的生活质量，增强生活幸福感，而社会工作显然也是这样努力行动的。

最后，社会工作有助于社会福利的改善。社会工作在实践中发现社会福利政策的缺陷，反馈到决策者那里，修改缺陷，提出新的社会福利政策；社会工作提升了社会福利的效用；社会工作也增强了人们对社会福利配置的参与、发言权、能力。

当然，社会工作的理论和知识来源不仅仅是社会福利，还有其他社会科学，如社会学、经济学、心理学、人类学等，而且社会工作是一门更具应用性、更偏重操作性的社会科学，而社会福利研究在操作性方面没有像社会工作那样形成一套系统的工作方法。

二、社会工作与社会政策的关系

社会政策是什么？迄今还没有一个为人们普遍认可的定义。其中，影响较大的是伦敦经济与政治学院教授哈特利・迪安的观点。迪安认为，“社会政策学是关于人类福祉的研究”。虽然迪安主张不用社会政策的提法，而用社会政策学的提法，并认为用福祉来说明社会政策学的对象比用福利好，但是，毕竟他也认为社会政策是研究社会福利或福祉的一门学科。当然，迪安认为，福祉关心的是人们活得好不好，而福利则关心的是做得好不好。如果从这个角度来看，社会福利关注的是将福利资源传递给人们，而社会政策学更关注的是这些资源是否能让人们生活得满意和幸福的问题。社会工作更多的属于社会福利部分，而社会政策是社会工作得以存在的基础和现实要求。但是，不少研究者并没有把社会政策与社会福利做严格的区分，而往往将他们等同看待。与社会政策相关的一个概念是福利国家。

社会福利实际上是社会政策研究的最重要对象之一，但是两者还是有一定的差别，社会政策研究所有影响人们生活福祉的做法和行动，它关注的是社会问题、社会需求、实现需求和解决社会问题的各种政策、制度、行动及其影响因素。

首先，社会政策是社会工作的首要理论基础，社会政策研究成果，特别是社会政策实践，为社会工作提供了努力的方向、资源和实现方式，而社会工作是落实社会政策的最主要路径。社会政策的研究水平在很大程度上决定了社会工作的水平。当然，社会工作是一门应用性的社会科学，所以，它的理论不仅仅来自社会政策，还来自其他一些社会科学，如社会学、人类学、心理学、经济学、管理学、行政学、组织研究等，同时还受医学等自然科学的指导。

其次，社会工作在实践过程中也不断地发现社会问题、社会需求，从而影响和推动社会政策研究。社会政策不断地从社会工作中汲取知识和经验营养，社会工作具有重要的社会政策影响力。

当然，社会政策与社会工作还是有明显的不同：社会工作更多的是通过社会工作者的行动，用专业的方法和技巧去帮助需要帮助的人，使受助者获得自助能力，增强他们协商和平衡与周围环境的能力；而社会政策更多的是通过对政策研究去影响社会福利提供者（包括政府、企业、社会组织等），从而制定出有助于改善人们生活的一系列政策。

三、社会工作与社会学的关系

社会工作一度被认为是一门应用性社会学，因为社会学与社会工作都对人、人际互动以及了解人际互动有着相同的兴趣。但是社会学更偏重于对社会现象的探索，不仅旨在了解社会现象是什么，还追寻背后的原因（为什么）和怎么办等问题，而社会工作更关注的是怎么办这个问题，着重于帮助人们去解决所面临的问题，增强他们这方面的能力，所以社会工作更重视对社会现状的改变。

对社会工作来说，社会学的研究成果具有重要的理论价值。比如对社会阶层关系的研究揭示出阶层关系的形成机制以及互动状态，社会工作在此基础上可以对不同阶层进行行动干预，找到疏导阶层关系障碍的办法，也可以探寻某个阶层的成员所面临问题的影响因素，找到有效的帮助方法；社会学对生活方式的研究同样可以为社会工作提供重要的研究视角，帮助社会工作更好地介入案主的行动和生活中；社会学所积累和发展起来的调查方法也为社会工作提供了很好的工具。

反过来社会工作通过实际的干预和帮助，增加了对人的行动和心理的认识，也更好地揭示了社会因素的影响机制和路径，为社会学提供了丰富的研究素材，特别是丰富了社会学的参与观察方法和行动研究方法。总之，社会学可以借鉴社会工作的许多有效做法，去开展更好的研究。

虽然，社会学与社会工作虽然关系密切，但毕竟是两门不同的学科。社会学更偏重于研究，而社会工作更偏重于实务参与；社会学更偏重于理论创新，而社会工作更偏重于对策创新；社会学更注重方法上的价值中立，追求客观性，而社会工作更偏重于如何实现价值；社会学研究的是社会现象，而社会工作研究的是社会问题。社会学在理论层面能为社会工作提供更宽的视野，却缺乏社会工作的实践能力，社会工作能将社会学的研究成果转化为社会实践，促进社会更好地发展。

四、社会工作与心理学的关系

心理学是心智科学，它研究、解释和改变人们的行为。心理学家对了解个人及其行为特别感兴趣。心理学试图从行动上去把握人们的心理活动，同时通过心理活动去了解和解释人们的行动。从这一点上看，心理学对社会工作的重要性是不言自明的：社会工作打交道最多的是个体，关注案主的心理健康，是社会工作的首要目标。也就是说，社会工作力图通过其专业技巧使人的内心达到平和，保持心理健康。社会工作的微观领域如个案社会工作、家庭社会工作和心理学或心理学中的心理治疗有很多相似之处。两者都对人的行动感兴趣，关注人的某种行为产生的心理，通过对人心理的研究，进而通过社会工作中的个案工作或者心理治疗帮助人，在实践层面同属助人活动。所以，社会工作必须借用大量心理学的研究成果和理论知识，才能将本学科发展得更好。

社会工作虽然借用了很多心理学的理论，心理学的技巧也在社会工作过程中备受推崇,虽然社会工作一度被精神分析的洪流所包围,但两者还是有区别的。从理论层面来说,心理学更注重个体研究,通过研究了解人们的特质和行为,对个体进行心理辅导或治疗。而社会工作不仅关注个案本身,还关注与之相关的系统,强调通过整合外部资源来解决个人问题。从实践层面来说,心理学是服务对象来求助才会进行治疗,而社会工作者则积极地去开展社会工作,发掘需要帮助的服务对象。在伦理层面,社会工作者更强调一种对服务对象的人性关怀,而心理学则是要站在中立者的角度进行研究和治疗,这两者的形象一个像护士,一个像医生。

这里通过对社会工作与社会福利、社会政策、社会学、心理学等学科的关系的介绍,旨在说明:第一,社会工作需要依靠多学科的理论知识和研究方法才能获得更好的发展,才能变得更加强大,特别是当前在学科专业化的同时也存在着学科的相互融合和借鉴,作为后发的学科,社会工作自然不能放弃这个融合和借鉴的好机遇去发展自己。第二,社会工作不是一门没有个性的学科,而是有着自己的价值追求、理论基础、研究方法和行动方案的学科,其学科个性是非常突出的。第三,社会工作可以为其他学科的发展提供强有力的支持,如提供丰富的实践经验,挖掘新的社会问题等。第四,社会工作的优势在于以实际行动改善人与人、人与环境的关系,促进社会进步和文明。可以说,社会工作这个学科的出现也是人类文明的一个重要标志。

第二章　社会工作的哲学基础与价值观

社会工作本质上来说是一门“理性”与“情感”并重的实践学科，它的目的就在于改善个人和群体的社会功能与福利，解决并预防社会问题，促进社会的和谐发展，因此，它不仅要求专业工作者能科学地解决问题，而且要求他们在哲学和价值观的指导下实践。所以，有必要对社会工作的哲学基础与价值观进行一定的明确。

第一节　社会工作的哲学基础

哲学是一套有关人类对世界总的看法与态度。布特雷姆在《社会工作本质》一书中指出，社会工作的哲学思想主要来源于三个假设：第一，对人的尊重；第二，相信人有独特的个性；第三，坚守人有自我改变、成长和不断进步的潜能。社会工作的哲学基础主要包括五个方面：第一，宗教理念；第二，人文主义和人道主义；第三，实证主义和实用主义；第四，理想主义；第五，集体主义。但是，总体来看，影响社会工作哲学思想最重要的来源有两方面，一是道德哲学，另一个就是政治哲学。社会工作的哲学思想从根本上可以归结为一套促使专业人员在实践中理解和解决各种问题的智慧和经验总结。从历史发展经验可以看出，人类的宗教信仰、科学技术的进步以及国家的发展等对社会工作哲学思想的奠定与发展起到了重要的决定作用。

一、宗教理念

西方早期慈善事业的发展有很明显的宗教背景，现在专业的社会工作最早就是起源于宗教实践。而自19世纪工业革命以来，慈善事业逐渐成为一种有组织的助人活动，那些志愿工作人员具有强烈的宗教使命感，认为帮助穷人和有困难人士是服膺上帝的一种荣耀。基督教文化对西方社会的影响无处不在，加上很多从事福利事业的人士本身就是教徒，因此早期的福利工作者和后来的许多社会工作专业人员都信奉上帝，坚持相信人是神所创造的，人生来平等。与此同时，在社会福利领域，有很多非政府机构都有宗教背景，尤其是以基督教和天主教为基础的慈善组织为众，如明爱、基督教男青年会、基督教女青年会等。宗教信仰不仅影响了上述组织的构成和管理，也影响了在机构内部从事社会工作专业的工作人员的价值理念。

宗教理念对社会工作的影响表现在工作者和机构的一些基本判断与道德陈述上，这些对专业行为和组织发展都产生了重要作用。这些宗教理念中有三个方面的内容最为明显，即爱、给予和人性。

(一)爱

在基督教和天主教里，爱是一个有着显著特征的词语。在《圣经》里，“爱”被描述为 cantas 或 agapae，前者的意思是“献身于他人的福利”，它是一种“倾听、反应的、传导性的爱”，后者强调的是一种爱的无条件本质，基督教中的爱可以延伸到邻居甚至陌生人。人因其需要而被(他人)服务，并非他因为值得这么对待。基督教除宣扬服务众生的利他主义精神外，还主张用谦逊的人生态度、方式去服务他人。在基督教的教义里上帝强烈地感受到穷人、弱者、病人的需要，他与这些人在一起，服务于受难受苦的众生，并为他们虔诚地祈祷。信仰和行动紧密相连，社会工作专业实践倡导“利他主义”，强调无私地、不求回报地关心他人的疾苦和需要。尽管社会工作已成为一种专门职业，但在一些西方国家，基督教对它的影响至今仍很明显，这从工作者的宗教背景和机构的宗教性质即可做出此判断。社会工作早期的实践具有很强的宗教色彩，除了教会组织积极参与的济贫活动外，来自富裕家庭的上层社会的“慷慨淑女”（the Lady Bountiful）也基本上是教徒，她们对穷人和其他弱势群体充满了关爱，主动通过捐赠和自己的利他行为来帮助贫困人士。因为宗教信仰的存在，更是由于“爱”的观念在有识之士中的根植，社会工作的出现和发展才充满了希望。

（二）给予

社会工作是一种利他主义的活动，它从本质上强调的是对受助者的给予。在西方的宗教信仰里，教义反复强调并推崇“施”比“受”更有福，不求回报地奉献，致力于他人的福利。在基督教教义里，捐赠是一种自我拯救，而帮助陌生人是一种善举和美德。社会工作作为一种专业的助人活动，其本质是一种给予，它透过社会工作者的理解、关怀、治疗和其他社会救助活动，来帮助有需要的社会弱势人群，从而完善他们的社会功能与自立能力。在社会工作实践中，专业人员的“给予”行为是一种在特定伦理原则指导下的行动，它必须满足专业团体对道德伦理的要求。同时，必须指出的是，社会工作的助人活动并不是单方面给予的行为，实际上这一助人活动是一个互惠的过程。在助人过程中，社会工作者同受助者一起经历和成长，并获得对人类经验新的体验和认识，改善对环境和人类不同际遇的认识。在某种程度上，“给予”是一种馈赠礼物行为，社会工作者通过利他主义的专业行为，也使自身的价值得以确立，并获得新的知识和能力。

（三）人性

按照基督教的教义，人是按照上帝的形象来创造的，人性也是由上帝来塑造的。因此，人具有主观能动性，能进行创造和控制。人被理解为相互依赖的存在，人与人之间的相互支持和团结是必要的。从本质上讲，人的生活世界是一种关系建构，人们是相互联系的存在，人类最基本的道德要求就是“爱人如己”。在人被上帝创造出来后，人与其他人，与自然万物，与上帝要和谐相处。同时，创建一个和谐、公正和有序的世界不仅是上帝的工作，也是一切爱上帝的人的工作。基督教传统也认识到人的基本需要，并把他们视为人性结构的一部分。由于《圣经》肯定人的身体健康的重要性，在世俗世界里，这种认识被转化为建立救助弱势人群的医院和医疗机构。除此以外，《圣经》还强调了人们之间相互照顾和相互支持的心理需要，并把它置于中心地位。在基督教的发展过程中，精神发展一直都被看作人性全面发展的组成部分。

二、人文主义和人道主义

发端于15世纪的欧洲文艺复兴运动的人文主义和人道主义思想，对社会工作的哲学思想和实践模式产生了不可忽视的影响，当今社会工作者所秉持的使命和信念都与这两种思想有着深刻的关联。

（一）人文主义

人文主义起源于14世纪下半叶的意大利，此后逐步传播到其他国家。它是欧洲文艺复兴时期的指导思想，也是现代文明的重要组成部分。人文主义的发展是一场世俗的运动，是科学反对神学、人性对抗神道的思想和实践运动，其目的在于为人类行动提供一种哲学基础，主张放弃经院哲学的空谈和形而上学思考，鼓励人们接近人的现实生活，热爱生命并崇尚自由。人文主义从本质上是主张人性的解放，主张人回归到真实的生活世界中去。

人文主义的主要内容包括：第一，强调人的价值和尊严；第二，人应主宰这个世界；第三，对人的本质持乐观态度；第四，人是理性的存在，拥有真理的内在来源；第五，个人的自由在自然界和社会中享有崇高地位。人文主义思想有强烈的个人主义倾向性，它主张培养个性，有明显的自由主义色彩。同时，人文主义思想中也包含一种利己主义的倾向性。除此以外,人文主义强调感性主义的幸福观,主张以享乐主义来对抗经院哲学所主张的禁欲主义。人文主义坚持相信科学和技术的作用,认为知识就是力量。因此,人类可以通过自己的行动去创造和改变,人的潜能也得到发挥。人文主义思想对社会工作的影响体现在很多方面,它不仅表现在社会工作者的精神境界上,也表现在专业工作者一贯的待人处事的态度与方式上。

(二)人道主义

人道主义也起源于欧洲早期的文艺复兴运动,它是人文主义思想发展的结果。人道主义最重要的价值在于提出“人权”和“人道”(针对神道而言)的观念,它关注人的生命价值,与社会工作关注人的基本权利和推动社会进步的目标紧密联系在一起。当社会工作专业逐渐在西方发达国家和先进社会成熟时,关注生命价值、不平等、暴力和贫困等同人道主义相关的基本问题就成为这一专业共同体的重要关注内容。1996 年在香港举行的国际社会福利联盟世界大会上,通过了《国际人权政策》,其目的是反对世界范围内违反人权的活动。这一政策宣言指出,社会工作的价值基础在于强调每个人的独特性,而这与人权理论的观点正好契合。

社会工作是在一个充满变化、冲突甚至暴力的环境下来开展专业实践的,因此,它关注的不仅是一个国家或地区的社会经济发展水平,更重要的是关注个人和群体获得基本权利的状况,关注个体有充分的权利、机会和自由去参与并分享社会经济发展带来的种种好处。人道主义中的人权思想和观念对国际层面的社会工作实践有积极的意义,对发展中国家维护和保障弱势群体的基本权利有着重要的意义。

三、实证主义和实用主义

实证主义和实用主义是哲学领域中的两种核心思想,二者之间有联系但又明显不同。它们都对社会工作的实践产生了重要影响。前者的思想资源主要是欧洲的传统，而后者则主要是来自美国思想家的影响。

(一)实证主义

实证主义虽然是一场19世纪下半叶至20世纪初的哲学运动，但它却较早起源于17世纪英国唯物主义哲学家洛克的“经验主义”传统，即“洛克派”的哲学思想，它与康德的“心理认知”学派思想正好对立。经验主义强调科学方法，并将其延伸到哲学中来。在洛克看来，人类的认知起源于外界可见的事物，每一事物包含深浅不同层次，在相同层次存在相同的性质与意义，它们可以被测量和被计算。复杂的事物可以被分解为多个单元去加以了解，这种哲学理念体现在方法上就是人们常说的“定量研究法”，其研究重点在于可观察的同时可以被测量的事物。这种经验主义思想受到了孔德实证哲学的影响，其直接来源是牛顿经典物理学的影响，他强调科学是唯一有效的知识。在本体论方面，实证主义强调世界是客观的、单一静止的和可测量的事实，事物可以被分解。在认识论方面，实证主义认为认识的本质范围及可靠性在于研究者与研究客体之间的关系，即研究客体的本质不受研究者主观立场的影响。在价值论方面，实证主义指出研究者在探究事物的时候应该采取价值中立的立场，避免个人的价值观和情感影响研究者的判断。在方法论方面，实证主义主张认识和研究事物应该用计量性的方法，研究过程是一种严格的演绎过程。

实证主义对社会工作实务和研究影响深远，尤其是在临床社会工作方面，这种经验主义方法对个案工作、家庭治疗和小组治疗实践等都有明显的影响。在19世纪末20世纪初欧美社会工作专业化发展的早期阶段，其主要的实践理论和方法直接受到实证主义医学模式的影响。社会工作的开山鼻祖玛丽·里士满在其著作《社会诊断》一书中就使用了社会调查的方法，并反复强调经验资料对诊断治疗的重要性。当今社会工作中的临床实践，基本上采纳的仍是实证主义的方法，主张以经验的证据来确定受助者的需要并制定相应的治疗干预模式。

除此之外，实证主义还深刻影响了社会工作研究。定量方法在社会工作研究中仍然是一个重要方法，它强调调查和经验资料的重要性。在注重验证和预测推断原则的指导下，社会工作的实证研究把解决治疗和政策干预的目标放在第一位。

（二）实用主义

在西方（尤其是在美国），实用主义思想不仅影响人的思维，也对人的行为方式产生了重大影响。简单说来，实用主义是有关事物意义的学说，这一术语由哲学家皮尔斯创立，后来由詹姆斯、杜威和席勒借用并按照各自的方式发展成为一种哲学理论。实用主义关注人类行动的实际效果与意义，认为只有与实际世界中的经验发生联系的观念才是有意义的。因此，实用主义比较注重实践本身的价值，而不主张形而上学的争辩。在社会工作专业领域，这种思想的影响也表现得很明显，即工作者更多关注的是助人的干预模式的效果，而并不在意模式背后的理论争论。

实用主义强调的是事物的实在性和方法的有效性，它对社会工作实践的知识获取有着积极的意义。社会工作是一门以实践为核心的专业，它注重的是解决受助者的问题并透过服务满足他们的需要。社会工作强调服务的实际效果，使用的思想对其有重要影响。

四、理想主义

社会工作者是一群有信念和理想的专业人员，他们相信人类社会的美好前景，他们主张社会的公平和正义。乌托邦主义或理想主义深刻地影响了社会工作专业人员的行为，认为在政治的、经济的和社会理想的指导下，社会可以变得完美，因此，乌托邦主义也可以说是一种理想主义或完美主义。乌托邦主义使社会工作专业从一个广阔的层面去关心社会公正、社会平等、自由、幸福等重大问题，然而，社会工作者绝不只是简单的理想主义分子，他们是将理想付诸实践的实干家，追求理想使社会工作者增强了改善社会状况，致力人类福祉的助人动机。

（一）乌托邦主义

“乌托邦”（utopia）这一个词本身是从古希腊语中虚构出来的，其意指“无有之乡”，意思是不存在于客观世界的一种社会形态或状态。现在，人们把乌托邦当作理想国的代名词，也就是意指一个完美社会。乌托邦主义宣扬的是一种不分阶级、人人平等和社会富足的社会图景，在这个社会里，财产公有，公民为促进公共福利而劳作。托马斯·莫尔在《乌托邦》一书中所宣扬的就是要建立一个以公有制为基础的国家，在保障全体公民富裕的基础上，促进社会正义的实现。

乌托邦主义作为对一种理想社会的描述和展望，对早期社会工作者的实践和后来的专业理念都产生了不可忽视的影响。作为一门解决社会问题和促进弱势群体福利的专业，社会工作就是在这些基本理念的指导下，通过积极的社会改良和倡导，改变不公平的社会制度，促成社会平等和社会正义。

（二）理想主义

理想主义同乌托邦主义有着密切的关联，它也是乌托邦主义的继续发展。理想主义是对事物发展目标或状态的一种最佳描述，它宣扬的是一种最好的选择或生活方式。理想主义积极倡导正义、平等、自由和民主的原则，这种平等与正义的原则主张社会工作者以平等的方式待人。正义从狭义上可理解为一种法律上的公正；从广义上说则是一种社会正义。社会工作领域里比较关注“分配性正义”，主张以公平的原则将福利资源分配给社会成员。同时，社会正义应该满足两个基本的原则：第一，公民的基本需要和资源分配的平等；第二，对社会中最不利的阶层给予某种利益补偿。自由的思想也深刻地影响了社会工作者的信念，他主张个人可以决定自我的行动，个人应该对自我的行动负责。同时，这种自由原则也强调社会工作专业人员要尊重受助者的观念和行为方式，主张他们去开发自身的潜力并对自己的行为负责。

理想主义对社会工作专业的价值观和实践都产生了深刻的影响，从某种程度上来说，社会工作者都是理想主义者，他们对美好的社会和正义目标都怀有持久的热诚，并相信通过人们的努力可以解决社会中的不同问题，透过积极的社会制度安排和专业实践，可以满足不同的社会需要。纵观 20 世纪社会工作专业的发展，也可以看出，强调国家责任和政策干预，追求高素质的社会服务已经已经成为一种理想化的趋势和前景。

五、集体主义

集体主义认为个人与群体的关系必须建立在共同体的利益基础之上，主张群体的利益重于个人利益。集体主义思想不仅成为社会主义国家的重要福利理念，也同西方国家福利的主张不谋而合。在社会主义制度下，集体主义成为处理个人与国家关系的基本原则，它也是社会福利和社会服务推行的重要理念。集体主义的福利制度强调国家和国家代理人对个人福利的责任，同时也推行个人利益服从集体利益的基本原则。而在西方福利国家内部，集体主义思想来源于费边社会主义和民主社会主义思想，它反对强调以个人自由和市场价值为核心的功利主义福利观，主张政府或国家对公民的福利负有不可推卸的责任，福利国家作为一种制度设置在政治经济生活中应该发挥积极的作用。

（一）反个人主义

集体主义是针对个人主义而言的，从本质上说，它是一种反个人主义的思潮和理念。19 世纪以功利主义和利己主义为主要表现形式的个人主义在英美等西方社会盛行，并成为政府推行社会福利的主要思想基础。这种个人主义思想强调个人对自我的福祉负责，认为穷人的贫困根源在于品德的堕落，而救济穷人会损害社会的总体利益，主张个人必须通过劳动（工作）来改善福利。在带有强烈偏见的个人主义的社会伦理指导下，19世纪的慈善事业也基本上是以个别化的方法来推行济贫，以强调治疗和品德重建为主要内容，社会政策和大规模的社会干预并未出现，因为流行的思潮认为政府干预社会问题（尤其是大规模的济贫和社会福利）会损害公民的自由。与此同时，社会是一种自组织的体系，个人的理性选择会最终促成社会和谐。

然而，20世纪初，英国国内社会问题的进一步恶化和自由思潮运动的兴起（1906—1914），使得部分有识之士（如英国皇家济贫委员会中坚持社会改革的少数派，最著名的是卫伯夫妇）在社会改革中发挥了重要的作用。他们强烈反对忽视社会问题根源和缺乏社会正义感的济贫政策，在理念上也同个人主义和社会达尔文主义有着本质分野。反个人主义在某种程度上肯定了国家或政府的集体干预的作用，它成为以后福利国家政策主张的一个基本价值理念。

（二）费边社会主义

同马克思社会主义一样，费边社会主义是社会主义意识形态中的一个重要分支，它的主要理念是对民主过程一贯承诺，同时毫不含糊地支持社会福利服务。费边社会主义的社会价值观同资本主义的理念有本质的区别，其强调的核心价值观有三个方面：平等、自由和合作关系。在此基础上，费边社会主义又衍生出民主参与和人道主义的理念。

费边社会主义之所以强调“平等”，是基于这些理由：社会整合、经济效率、自然正义和个人的自我实现。费边社会主义者坚持认为，缩小社会不平等是必要的，是实现社会整合和社会和谐的必要条件。在费边社会主义者看来，一个国家的经济繁荣不仅取决于统治精英,也取决于管理者和劳动者的素质,因此,只有充分发挥社会中各个阶层的能力和智慧,社会的进步和和谐才能最终实现。就自由而言,费边社会主义认为,它是指工人(或就业者)在经济生产和分配中的权利,而且在解决不平等的问题上,这种自由最终要通过政府的干预来解决,通过法律来实现。费边社会主义还强调通过社会主义的社会服务来实现利他主义和给予精神在社会中的作用。在费边社会主义的理念里,所有公民至少能享受最低的生活标准,社会问题应该得以解决,尤其是对少数被剥夺群体的福利,应该考虑放在政策的优先位置。对费边社会主义者来说,政府的角色之一就是通过有目的的行动来修正私人市场系统的不公平,同时,通过福利国家的相应政策和社会服务安排,来减少不平等和保证公民的生活素质。费边社会主义也注意到了福利国家本身的局限性,认为它只能部分实现社会主义的目标,但对其积极影响仍持乐观的态度。费边社会主义思想深刻影响了 20 世纪 40 年代以来英国等福利国家的社会政策,对社会工作专业实践和理念也产生了不可忽视的作用。

第二节　社会工作的专业伦理

一、伦理与专业伦理

关于伦理的概念,并没有一个统一的定论。李增禄认为,伦理是对一种相关行为的标准和期望,而且能够对有关个人或团体规范其责任。徐震认为,伦理与道德有重叠之处,均指个人行为是否符合于社会规范而言。但也有不同之处,即道德指个人的品德与私德,是个人意志的选择,而伦理则涉及其行为对他人的影响,已进入社会秩序的范围。综上所述,伦理是人们的行为标准和准则,对人们行为具有制约作用。

伦理可分为个人伦理和专业伦理。个人伦理指个人对其群体相对的与相互的关系，以德行为中心，并随社会发展而细分为家庭伦理、社区伦理、环境伦理等。专业伦理指专业团体对其案主的专业关系与服务关系，以责任为中心，又可分为企业伦理、科技伦理、行政伦理、助人伦理等。社会工作伦理属于专业伦理。社会工作者通过其团体的讨论与共识，以集体自律的方式，订立专业守则或公约，要求全体成员共同遵守。具体来讲，专业伦理有三种功能：可以成为该专业的指针，使该专业的人员言行及治疗行为有所规范；可以使专业人员在完成工作时能凭借其伦理守则而维护专业原则；可以提供一种标准，来评判专业的实施有无瑕疵。

二、社会工作的专业伦理内容

根据美国社会工作协会的伦理守则，社会工作的专业伦理包括六个方面。

(1)对案主的伦理责任：持守对案主福祉的承诺；尊重案主自决权；尊重案主知后同意的权利；服务必须符合自己专业能力，否则必须谨慎；具备应对多元文化的能力；应对过程避免利益冲突；尊重案主隐私权并遵守保密之原则；尊重案主取得记录的权利和遵守相关原则；避免与案主的性关系；肢体接触应有所规范；不得性骚扰；不得使用诽谤性语言；确保服务付费的公平合理；采取合理步骤协助缺乏决定能力之案主；努力确保服务中断之后的持续服务；持守服务终止的原则。

(2)对同事的伦理责任：尊重同事；持守同事共有资料的保密责任；数据处理的谨慎；妥善处理同事间跨专业的合作和争议；提供同事必要的咨询；持守服务转介的原则；避免和同事有性关系以影响案主权益；不对同事性骚扰；协助同事处理个人问题以免影响干预。

(3)在实务机构中的伦理责任：提供符合能力的咨询和督导；

负教育和训练责任；公平审慎的绩效评估；个案记录(case record)须正确、讲时效、重保密和妥善储存；设立确实的付账与管理制度；落实个案转介(case referral)制度；担负行政工作责任以确保资源的充足和公平分配；强化延续教育与人力发展持守对雇主承诺；组织和参加工会，在不违反伦理原则的前提下处理劳资争议。

(4)作为专业人员的伦理责任：能力的强化、发挥、依其所能提供服务；包容，不应歧视；个人行为不干扰专业任务；诚实不诈和不诱骗；不让个人问题影响专业判断和表现；不诈称或言行超越能力资格和机构授权之范围；绝不诱导或操纵案主；不邀功。

(5)对专业的伦理责任：专业廉正(知识技巧和价值)之追求；专业廉正的促进；评估和研究的坚持与促进；坚守评估和研究的相关伦理原则。

(6)对社会全体的伦理责任：参与公共事务；参与社会和政治行动；促进社会福祉和正义；协助解决公共紧急事件。

三、社会工作实践中的伦理困境

专业伦理是社会工作者实践活动的指引。由于社会工作伦理守则中存在着不明确或无法明确之处，以及消极义务与积极义务并存等因素的影响，社会工作者在实践活动中通常会遭遇到伦理困境。这种伦理困境主要有以下五类。

(1)目标冲突导致的困境。社会工作最基本的目标在协助有需要者，并对社会问题予以关注及采取行动。这意味着社会工作同时将关注个人福利和社会问题作为目标。由此可能造成的伦理困境是：当弱势群体福利与健康人群福利发生冲突、个人自由与社会控制发生冲突、个案工作与社会运动发生冲突时，当做出何种抉择？

(2)忠诚冲突导致的困境。社会工作者要同时忠诚于案主、雇主、社会机构、职业及社会整体，这些忠诚有时相互冲突。例如，案主往往相对软弱，依赖社会工作者争取利益；社会工作者相对于机构来说也是软弱的，机构掌握着工作者的工作机会。当案主和机构的利益与要求发生矛盾时，社会工作者应当首先忠诚于案主还是机构？

(3)责任冲突导致的困境。洛温伯格和多尔戈夫指出，社会工作伦理困境产生于社会工作者已接受的两个矛盾职责：一是当案主提出确保或增进个人福利的要求时，社会工作者有提供专业帮助的职责；二是不干涉案主自由的职责。既要求社会工作者运用专业知识和技巧帮助案主，又要求充分尊重案主自决权。当案主自由选择从专业角度来看不利于案主时，或者为了案主福利而须牺牲其自由时，社会工作者应当运用专业知识去干预案主的自我决定吗？

(4)角色冲突导致的困境。社会工作实践中的角色冲突表现在两个层面：一方面，社会工作者承担多种角色，而每种角色有不同义务。同一社会工作者的时间精力有限，究竟先履行哪项义务呢？另一方面，同一社会工作者处于不同角色时，会遭遇来自各方的期待。当这些期待难以两全时，他们就处于困境。

(5)利益冲突导致的困境。社会工作者的日常工作往往影响到不同人和群体的利益，这些利益都是社会工作者须考虑和顾及的但又往往不能两全。为了保护案主，工作者可能牺牲自己利益；为了保护这个案主，可能牺牲其他案主利益；为了增加案主福利，可能要呼吁社会制度的迁就；为了保持职业的纯洁，工作者可能告发同事的不道德行为。如此的复杂情况需要社会工作者裁决，应当优先考虑谁的利益？

四、社会工作实践中的伦理抉择

社会工作者遭遇到伦理困境时必须做出抉择。针对前述五种伦理困境，可以有如下解决困境的原则、标准及模式。

(一)伦理抉择的原则

考虑到社会工作专业本身的强烈道德特性以及这些抉择本

身的伦理相关性，伦理抉择的基本原则应当是道德优先性。

(1)出于道德考虑的抉择。在做出伦理抉择时，应首先衡量其道德合理性，而不是出于政治、经济、技术或专业目标实现的考虑。

(2)符合道德标准的抉择。应当以社会一般的道德标准和社会工作的专业道德标准为依据进行，而不是依据一时的感情冲动或个人偏好。

(3)为了道德目的的抉择。应当为了满足案主的最大利益和更好地实现服务目标，在周密考虑后于服务开始前做出抉择，而不是在服务结束后为自己辩解。

这三项原则的共性就是社会工作者的道德良知和道德责任感。

(二)伦理抉择的标准

在同样符合道德标准的情况之间作选择，还必须考虑责任和义务、利益和正当性的优先权问题。西方一些社会工作伦理研究者提出了各自伦理优先次序观点，这对当代中国社会工作者都具有借鉴价值。他们都把保护生命放在最高优先位置，其次都强调培养人们的独立和自由意识、尊重案主自决权的重要性，然后依次强调平等、尊重隐私权、保密、诚实等原则。他们还提出，个人福利的权利优先于法律、法规和组织的规定；防止伤害的义务及提升公共利益的义务(如教育及社会救助)优先于个人财产所有权的权利。这似乎可视为经强化法制和经济利益过程之后的现代西方国家向“以人为本”的复归，对于正在建设法治国家和强调经济利益的中国而言，也是一个前车之鉴。

(三)伦理抉择的模式

伦理抉择是连续过程，而且会因社会工作者的知识能力、实践环境、案主情况等而呈现不同状态。虽然并不存在完全固定不变的模式，但在任何伦理抉择过程中都必须考虑以下三方面问题。

(1)相关的价值观和伦理原则,包括社会价值观、职业价值观、个人价值观、一般伦理学原则和专业伦理学原则。

(2)相关的参与者,包括案主、可能被影响者、协作同事和其他专业人员以及社会组织机构。

(3)相关的效率和效益,包括所选择行为的代价和成本、对社会利益和个人利益的保护度、是否符合最小伤害原则等。社会工作者还应当注意,他们的抉择并非完全孤立的,借鉴有关文献中的成功案例,请教有关专家、与同事们共商都是使最终抉择更科学合理的重要保障。当然,仅靠社会工作者的道德责任感有时不能完全解决实际问题,专业的知识和技巧是做出合适抉择的前提。

针对决策困境和结构困境,有如下可操作的缓解途径。一是集体研讨。经常举行分业或分项的工作研讨会;细分业务,如将家庭暴力分为儿童虐待、婚姻暴力及老人虐待加以讨论;参与人数不必太多,而以具有实务经验及研究兴趣者为限。二是学术研讨。鼓励社会工作学生研究各种伦理议题,用实证方法,取本土资料,将理论、政策与方法均包括在内。三是通案处理。例如,根据社会工作者的经验与观察,加以分类归纳,使某种类型的“个案”按发生背景与原因分门别类,形成一种“通案”;而后通过公会或协会建议政府从政策与立法上加以解决。四是案例分析。从分业分类中,收集具有伦理难题的个案,邀请实务与学术两方面专家共同分析,并逐年汇编成册,仿照医学界对特殊病例的分析及司法界对司法判例之研究,以累积前人经验,启发后人智力。

作为不断完善的专业和职业,本土社会工作实践必须整合国际社工界通用的哲学价值和伦理、本土的传统文化和当代主流的意识形态。对上述三者分别采用借鉴和本土化、扬弃和当代化、认同和操作化等不同思路,是真正领悟社会工作的哲学、价值和伦理,从而达成社会工作多层面目标的有益手段。

第三节　社会工作价值观

社会工作还受到价值观的作用。在发展过程中，社会工作已形成其专业价值观。这些价值观一方面对社会工作发挥重要影响，另一方面也使社会工作者在实践中遭遇价值冲突。

一、价值与价值观

价值是哲学的重要部分，是人们对善恶美丑的判断。价值观是价值的系统化，是概括性的、对期望事物带有情感色彩、有历史起源与经验基础、被一群体共同认定同时也模塑群体中的行为规范。

关于价值的定义，学者们总是众说纷纭。穆丽尔认为，价值是个人或社会群体认为优先的行为之公式，意味着对生活的手段、目的和条件等方面的经常性偏爱，通常伴随着强烈的感情。赫伯特认为，价值是社会重要部分所持的一个或一些标准反映在制度化的行为模式之中，并且使参与者倾向于在共同理解的架构内根据相互关系来行动，尽管这个架构可能没有自觉控制或统一逻辑参照体系。米尔顿则把价值定义为持久的信仰，即某种存在样式或终极状态相对于另一种而言更为个人或社会所偏爱，价值并非独立存在，个别价值有相对于其他价值的重要性。总之，价值大致被视为行为指引、在个人经验中成长起来、随着经验积累而不断修正进化的。价值是有关何者对人类是可意或好的信念、偏好或假设；它们不是对世界如何和怎样的判断，而是有关世界应当如何的断言，以可信为基础。

价值会受到历史、社会、文化和区位等条件的影响和制约。在个人主义占主导的西方国家里，价值核心是个人。美国社会的价值中心是个人，占统治地位的价值至少有四个源泉：一是基督教教义及其人类的整合价值和对其邻里责任的概念；二是人人平等和人的“生活、自由与追求幸福”权利的民主观念；三是新教伦理，强调个性就是一切，环境一钱不值，道德君子是勤奋工作并具有独立人格的人，追求享乐是一种罪恶；四是社会达尔文主义，强调在自然进化过程中的优胜劣汰机制会造就坚强的个人和社会。在东方文化尤其中国文化中，价值核心是群体。在当代中国，占统治的社会价值观来自儒家学说的政治伦理和家庭伦理、佛家学说的行善积德劝化、墨家学说的勤俭兼爱、道家学说的清静无为、西方文化的科学民主、毛泽东的民族自立和艰苦奋斗思想以及邓小平的中国特色社会主义理论等。

二、社会工作的价值观

社会工作不但建立在一套价值之上，而且本身就是一个利他主义的专业；社会工作实务本身就是一个道德实践过程。

对于社会工作的价值观，学者们见仁见智。贝姆从社会工作关于人、社会和专业的角度把社会工作价值观概括为：每人都有与生俱来的自我实现的权利，且都有实现此目标的能力；作为社会成员，每人都有义务寻求自我实现的方法以贡献于社会；社会有义务协助个人自我实现，也有权利利用成员的贡献使社会更充实和更富足；每人都需要和谐发展的社会给予其力量和机会，满足生理、心理、经济、文化、审美及各种精神方面的基本需求；由于社会日趋复杂和相互依赖增强，为了协助个人实现自我价值，也就更迫切需要专业社会组织；为了让每个人不仅能实现自我价值，而且能贡献社会，社会组织必须在社会认可和社会提供的条件下，尽量在范围、种类、品质上求其广泛，以满足个体与社会的需求。

莫拉莱斯和谢弗把社会工作价值分为三方面。第一，对人的价值偏好：相信人的价值与尊严是与生俱来的；人具有能力与动机去追求更满意的生活；人要对自身与他人负责，除了自己之外还要想到其他人；人需求归属；人有共同需求也有独特偏好。第二，对社会的价值偏好：社会必须提供机会让每个人成长发展，以实现其最大的潜能；社会应提供资源与服务，以满足人们的需求并避免食而无粮、教而无师、病无良医、住无蔽身及种族歧视等问题的发生；人人有平等机会参与社会的模塑过程。第三，社会工作的工具价值：社会工作者相信所有人均应受尊敬与保持尊严，应使人有最大机会决定其生活方向，应协助每个人与他人互动以建立满足人人需求的社会，相信个人具有独特性而不以刻板印象对待之。

赫普沃斯、鲁尼和拉森把社会工作的价值观概括为四个方面。第一，人有获得资源以解决问题并发展潜能的权利。社会工作一直关心人在社会中是否幸福，其焦点在于环境对每个人问题的产生、发展和严重化的影响力量。因此，社会工作者承诺向案主提供支持以协助其获得所需资源。社会工作者要持守对这个专业价值观的承诺，具备运用社区资源的知识和技术，形成并实施能有效满足人类需要的政策和方案。第二，人的价值和尊严是天生的。社会工作者相信人有天生的价值和尊严，无论过去或目前的行为、信念、生活方式及生活状况如何，当他们担负起应负责任时，社会工作者应对案主的尊严和价值给予支持。社会工作者通常会认为这个专业价值观同时包含了其他相关概念。第三，每个人的独特性和个别性都应尊重。社会工作者相信每人都是独特的，且必须努力加以维护；尊重案主的个别差异与接纳和非批判的态度有密切关联，对社会工作者而言两者同样重要。个体有很大差异，社会工作者必须进入案主的主观世界，以尽可能了解另一个人并相信案主的个别性。第四，人在拥有适当资源时均有能力成长且改变，因此对处在任何状况中的人都应给予支持，以增加其解决问题的能力和选择生活方式的机会。社会工作者尊重人有自决及参与助人过程的权利。社会工作者采取能力取向、强调案主的正向特质和未被开发的潜能，便能让案主感到有希望和被鼓励，并能培养其自尊感。

夏学銮指出，社会工作有相对独立的价值观念，主要包括：个人在社会中首要地位的承诺；为满足社会公认需要的社会变迁承诺；对社会中所有人的经济、身体和精神福祉和社会正义的承诺；尊重和欣赏个体和群体的差别，个别化对待的承诺；发展案主的能力、帮助他们自助的承诺；向他人传递知识和技能的承诺；把个人感情和需要与专业关系分离开来的承诺；尊重案主隐私和保密的承诺；不顾个人挫折、坚持不懈地改善案主状况的承诺；高标准的个人和专业行为的承诺。

综上所述，社会工作价值包括：个人价值与尊严，对人的尊重；重视个人改变的潜能，案主自我决定权，提供个人发挥潜能的机会；寻求满足人类共同的需求；寻求提供个人足够的资源与服务以满足其基本需求；赋予案主权利、平等的机会；没有歧视，尊重多元性；对社会改革与社会正义的承诺；保密与隐私权；愿意将专业知识与技巧提供给他人；等等。

三、社会工作价值观的功能

社会工作价值观在实务中具有重要作用，这些作用体现在以下四个方面。

(1)社会工作使命的本质。专业的创始者和现代的实务者都深信社会工作的基本目标是帮助生活遭遇困难的人。社会工作并非纯技术性的，而是有价值基础的，旨在通过各类服务来协助弱势人群。社会工作的价值并非随机或易变的规范，也非外在社会价值观的反映，而是对集体责任的思考，隐含了社会工作者在社会中的角色。

(2)社会工作者与案主、同事和社会的关系。社会工作者的价值观影响到与案主、同事、社会成员的关系。有些工作者会选择他们认定的受害者给予帮助，有些工作者选择对犯罪者进行帮助，有些工作者选择为低收入家庭服务，有些工作者则选择为富有家庭服务。这些选择都会受到社会工作者价值观的影响。

(3)社会工作者服务方法的运用。社会工作价值观也影响到服务方法的选择。有些社会工作者偏好对行为偏差的少年运用当面对质的技巧;另有些社会工作者则批评当面对质技巧缺乏人性化的考量,而偏好强调案主自我决定权及治疗关系的建立。

(4)实务工作中伦理两难的解决。社会工作价值观会影响到如何解决专业责任与义务冲突时发生的伦理两难。伦理两难通常涉及价值冲突。例如,社会工作者一方面要尊重案主自决,另一方面又要遵守虐待儿童须通报的法规。社会工作者的最终决定是基于其对社会工作价值本质的信念,尤其是有关特定专业责任与义务何种优先的考虑。

正是由于社会工作价值观在实践中的重要作用,社会工作者应了解个人价值观在其与案主接触过程中所扮演的角色。社会工作者如果在实务工作中无法察觉自己的价值观在起作用,则容易在没有察觉的情况下,将其价值观强加在案主身上,致使助人过程产生以下五种偏差。

第一,社会工作者侵犯了案主自决权。

第二,造成案主内在的罪恶感。社会工作者在案主内化某些价值之前若强迫案主接受自己的价值观,则会使案主实际行为与内在价值观背离,造成其内在罪恶感。

第三,许多案主会拒绝社会工作者的价值观,并反对社会工作者将价值观加在他们身上;有些案主甚至不再接受社会工作者的协助。

第四,当案主价值观与自己的价值观冲突时,社会工作者将无法向案主提供必要的支持。

第五,社会工作者有时会强调机构或文化的价值观,而此种价值观却与案主的价值观相冲突。

四、社会工作中的价值冲突

社会工作者在实务中常会遭遇价值悖论。由于社会工作者使用的改变技术常常建立在理论和价值之上，而不是干预技术之上。因此，社会工作者应根据价值而不是知识来决策。

罗肖泉和尹保华在“社会工作实践中的伦理议题”一文中，从社会价值观、专业价值观和个人价值观等三个维度把社会工作的价值冲突概括如下。

(一)社会价值观与专业价值观的冲突

专业价值观是对社会价值观的反映，两者应当是一致的。但是，社会工作的特殊伦理决定了专业核心价值观与社会价值观存在着冲突。它对弱势群体利益、社会正义给予高度关注，要求为他人福利无私奉献、勇于承担的专业价值观，而这显然与一些人信奉的为追求效率而牺牲弱势群体利益、为追求个人利益而牺牲他人利益、只讲个人权利而不承担社会责任的社会价值观存在矛盾。这种矛盾对社会工作专业发展产生过巨大冲击。例如，在专业化过程中，社会工作实践就一度偏离了道德使命的轨道，而一味奉行管理主义的经济效益至上理论或技术主义的单纯精神治疗理论。从 19 世纪 60 年代开始兴起的“激进社会工作”理论对管理主义和技术主义的批评，代表了社会工作专业对道德使命的再一次自觉意识。应当说，社会工作专业价值观与社会价值观之间的冲突，反映了应然与实然的矛盾，体现出社会工作专业的道德理想性特征。

(二)专业价值观内部的冲突

由于社会工作价值观涉及方方面面，复杂的实务情况必然在价值观中有所反映。社会工作专业又处于社会环境之中，社会各个方面对其价值要求也存在差异，而这种差异会反映到社会工作价值观中，由此导致了社会工作价值观本身的冲突。即使在社会工作核心价值观中，这种冲突也是存在的。美国社会工作者协会伦理守则就将社会工作的核心价值观概括为六个方面：服务，社会正义，个人尊严与价值，人际关系的重要性，廉正，能力。其中，个人尊严与价值既要求尊重案主的隐私权，又要求保护第三方不受伤害，当案主的秘密涉及对第三方的危害时，工作者应当如何选择？

（三）专业价值观与个人价值观之间的矛盾

社会工作者是社会工作伦理责任的焦点，社会工作者的价值观应与专业价值观一致，但这种一致并非自然形成的。社会工作者除了受专业价值观影响外，还受到社会环境和文化背景的作用，这又可能使其个人价值观与专业价值观产生冲突。例如，案主自决是专业价值观的重要内容，但对注重情感关系的中国社会的专业工作者来说，对案主完全保持价值中立和情感疏离是不太容易被接受的，积极干预甚至是包办代替似乎更符合中国传统。

（四）社会工作者个人价值观与案主价值观的冲突

社会工作的重要方面是双方以各自的价值观为尺度对对方的言行进行评估，如果两者价值观不一致，进一步协作就受到影响。例如，社会工作者不赞成同性恋，而案主却是同性恋者，社会工作者能理解和同情其境遇并呼吁他人尊重其选择吗？社会工作者和案主的价值观冲突在实际工作中也屡见不鲜，文化、教育、环境、民族、性别、年龄等方面的差异是造成价值冲突的主要原因。

第三章　社会工作的过程

社会工作为了实现自身的目标，往往需要通过一系列有计划、有步骤的阶段。所以，社会工作的过程也是一个值得研究的课题。社会工作过程就是指社会工作机构或社会工作者在一定的理念指导下，运用社会工作专业方法并借助社会资源系统进行一系列前后连贯的行动，从而帮助案主满足需要、解决问题，以达成社会工作目标的过程。

第一节　社会工作过程的要素

社会工作过程或助人过程涉及的要素主要包括社会工作者（助人者）、案主（受助者）、机构与设施、环境、社会资源、干预（助人）行动等。

一、社会工作者

社会工作者也称助人者，他们是受雇于社会福利机构专职从事社会服务的人。一般而言，社会工作者被称为专业的助人者，以与一般从事社会服务的志愿工作者等相区别。而究竟什么人才称得上是合格的社会工作者，国外社会工作学者提出过一些基本的判断标准。例如，Sealozzi 提出以下五个类别的人可以纳入社会工作者的行列：一是具有社会工作硕士（MSW）资格的人；二是经常或时而通过有资格的社会工作者的协助以实现社会工作任务的人们；三是能够实施社会服务的人们；四是自认为是社会工作者的人们;五是被其雇主认为是社会工作者的人们。上述说法尚有不少值得商榷之处。就他所说的第一类人,迄今为止,很难说只有社会工作硕士资格的人从事社会服务才能被称为社会工作者;而他所说的其他几类人则过于宽泛。

在社会工作专业化程度较高的国家,社会工作者是有严格的限定的。西方社会福利机构中的从业人员并不都是社会工作者。在不少西方国家,从事社会福利工作的人员,除了有社会工作者的提法外,还有社会服务人员、社会福利人员等提法。严格说来,这几种提法有区别:社会服务人员、社会福利人员一般指受雇于社会工作或社会福利机构的工作人员,包括专业和非专业人员;而社会工作者仅指社会服务人员中的专业人员。

一般而言,社会工作者是指受过社会工作专门知识和技能训练的,从事相关社会服务的实际工作与教学、研究工作的人员。狭义的理解只是那些受过专门训练的实务人员;广义的理解则应包括相关教学、研究人员。社会工作者是从事专业性助人活动的职业群体。这是社会工作专业的本质特征在社会工作者身上的体现。社会工作专业的宗旨是为有需要的人提供帮助,是通过社会工作者的努力而实现的。通过社会工作者的实际行动,帮助受助者恢复和提升社会功能,克服困难,解决问题,满足需要,并进而获得自我实现。

在我国,社会工作的专业化、职业化建设已经引起了党和政府的充分重视。2006年7月,人事部、民政部联合发布了《社会工作者职业水平评价暂行规定》和《助理社会工作师、社会工作师职业水平考试实施办法》,首次将社会工作者纳入专业技术人员范畴,为进一步提高社会工作人才队伍的专业化水平提供了制度保障。2007年12月,民政部正式发布了《全国助理社会工作师、社会工作师职业水平考试大纲》,并于2008年开始每年举行全国社会工作师考试。上述几个重要文件的发布、实施及专业社会工作者的诞生,将对我国社会工作职业化建设产生深远影响。

二、案主

案主也称为受助者，就是社会工作服务的对象。案主可以是个人、家庭，也可以是群体、组织，还可以是社区乃至社会系统。案主经常有不同种类的问题或不同层次的需求。根据是否接受社会服务，案主可分为“当前案主”和“潜在案主”两类。已经或正在使用社会服务的案主称为“当前案主”；可能需要社会工作服务，或有权利接受社会工作服务而尚未提出要求者，称为“潜在案主”。

案主就是社会工作要去改变或服务的目标人口。受目标人口影响或与目标人口有关系而求助于社会工作机构的人，严格说来，不是社会工作的案主。例如，有位女士为治疗丈夫的毒瘾前来社会工作机构求助。这时，社会工作要改变的不是这位女士本人，而是她的丈夫。因而，真正的案主就不是这位女士，而是其丈夫。这个问题不搞清楚，就会引起不必要的混乱。

三、机构与设施

机构与设施是提供社会工作实际服务的场所。它可以是工作场所、学校、医院，也可以是社区、小区服务机构，还可以是专门设置的治疗机构。社会工作者在这些场所内和案主一起工作，以改变案主的行为或解决问题。在这一场所内的设备、环境，构成一种助人的结构、界限、符号意义、规范与路径，与其他场所相区别。社会工作的机构与设施通常包括设备、人力、规范、目标，以及其所坚持和奉行的社会福利理念等。这些显然都是影响社会工作服务成效的重要因素。社会工作通常所说的“变迁媒介”，包括个人、群体、组织、机构等，它们被赋予职责去改变个人、家庭、社区、群体乃至社会。这些媒介基本都可包括在机构与设施中。因此，社会工作机构与设施对社会工作的影响是至关重要的。

四、环境

环境是指与人的生存和发展密切相关的外在事物的总和，包括自然环境和社会环境。社会工作虽也关注自然环境对个体的影响，但更关注对个体产生直接影响的社会环境。社会环境是指与人的生存和发展有关的社会因素的总和，具体可分为以下几种。

(1)社会小环境。这是某一个体、群体生活于其中的直接的生存小环境，它与人们的生活直接相关，如家庭、邻里、工作单位、学校、同辈群体等。

(2)人际关系环境。这是指与人们的生活、工作有密切关系的人际关系的总和，如邻里关系、同事关系、朋友关系等。人际关系网络是一个人的社会支持网络的一部分，是一个人的重要的社会资源或社会资本，对个体具有非常重要的作用。

(3)社会生态环境。它强调的是人们在社会生态系统中所处的生活、生存状态。查尔斯·扎斯特罗(Charles H. Zastrow)等人认为，社会生态系统理论把人的社会环境如家庭、机构、团体、社区等看作是一种社会性的生态系统，强调每个人的生存环境应该是一个完整的生态系统体系，即由一系列相互联系的因素构成的一种功能性整体。① 社会结构就是社会生态环境状况的一个具体表现，社会、社区成员或群体的共生关系和竞争关系是人们的生存环境，它会直接或间接地影响人的生存和发展(如贫民窟对个体的影响)。

(4)社会文化环境。人们总是生活在一定的文化之中，这种文化也就成了人们的生活环境。文化是由知识、价值观念、行为规范、法律、风俗等形成的体系。社会的风俗习惯、价值观念、法律法规体系成为人们生活的基础和背景，是人们生存发展的一种

---

① 付立华. 社会生态系统理论视角下的社区矫正与和谐社区建设[J]. 中国人口·资源与环境，2009(4).

特殊环境。

社会工作之所以重视社会环境，不仅在于它对个体的生存和发展会产生重要影响，更重要的在于社会工作所借以实现其目标的资源存在于社会环境之中或由社会环境来提供。

五、社会资源

社会工作专业或社会工作制度本身是作为一种正式的社会资源系统而存在的，同时为帮助案主与实现社会工作的目标，社会工作者还应特别注意借助其他社会资源系统的作用，包括正式的和非正式的。

平克斯和米纳汉将有助于人们的社会资源系统划分为三类：一是非正式的或自然的资源系统。主要包括家庭、朋友、邻居、同事、亲戚等，它能够提供物质与精神的帮助，还能提供具体的服务和资源。二是正式资源系统。包括党派、专业团体、群众组织、各种协会等。这些组织致力于提升成员的福利和利益，直接提供资源给成员，并帮助他们与各种社会系统打交道。三是社会性资源系统。它是为适应社会公共生活与活动建立起来的满足人们短期或特别需要的机构，是人们社会生活的重要支持系统，包括学校、医院、社会服务机构、公安机关等。

社会资本即社会工作借以实现其目标的有效社会资源。布迪厄认为："社会资本是实际的或潜在的资源的集合体，那些资源是同对某种持久性的网络的占有密不可分的……它从集体性拥有的资本的角度为每个成员提供支持……"[①]在布迪厄看来，社会资本是一种可以从中吸取某种资源的、持续性的社会网络关系；社会资本具有潜在性和现实性，只有当社会网络被行动者调动或利用时，它才能以某种能量或资源发挥资本在实践中的作用，这时它就是现实的社会资本。林南认为："社会资本是嵌入社会网

① [法]布迪厄．文化资本与社会炼金术[M]包亚明，译．上海：上海人民出版社，1997：202.

络关系中的可以带来回报的资源投资”[①]。这与科尔曼和普特南等人的观点基本上达成了一致，这一概念从某种意义上说明了社会资本是一种可以通过有目的的行动来获得的社会资源。

在社会工作学科研究的范畴之内，社会支持可以理解为已获得的社会资本。它是一种生理或情感上的援助或安慰，通常来源于家人、朋友、同事或所在社区中关心、关注我们的邻里等。此外，社会支持还是精神病学分析中的一个重要概念，主要强调案主在精神层面对社会支持的获得。社会工作的开展需要通过分析案主所处的社会环境，甄别哪些社会资本及社会支持是通过社会工作介入可以被调动、并可以为改善案主当前所处的不利地位所用。

就社会工作事务的开展情况来分析，社会资本在社会工作中所发挥的作用主要有以下几个：(1)激发案主潜能，帮助案主调适心理状态并勇敢应对压力，重塑案主自尊、自信的良好心理状态；(2)帮助案主重建良好的人际关系网络，发挥社会支持系统的协助作用，与社会工作者一起帮助案主解决问题；(3)帮助案主分析其所处微观社会资源环境中所能获得的各种社会资本，帮助他们通过正式渠道获取各种社会公共资源及服务，如各种社会救助、社会福利、社区资源等；(4)通过重建案主的社会关系网络系统，帮助案主实现由被动地接受帮助到主动寻找突破、解决当前问题的转变。

六、干预行动

社会工作机构和社会工作者为了实现社会工作目标所实际开展的工作、采取的行动就是社会工作干预行动。其实，社会工作的干预行动也就是社会工作整个过程中所进行的全部活动，包括建立契约、界定问题、确立目标、执行计划与成效评估等。通常

① 刘少杰．国外社会学理论[M]．北京：高等教育出版社，2006：361．

情况下，由于案主的问题比较复杂，单靠一套干预行动并不一定就能彻底解决案主的问题，而往往需要通过几套方案与行动才能实现一个社会工作的目标。因此，对社会工作干预行动与社会工作目标的关系不能简单化地理解；社会工作的干预行动是社会工作机构或社会工作者针对案主需求所采取的一切服务过程。

第二节　社会工作的主体

社会工作的主体就是社会工作者，社会工作的助人目标就是通过社会工作者来实现的。那么，社会工作者的定义是什么，其充当着哪些角色呢？以下进行相应的探讨。

一、社会工作者的概念界定

“社会工作者”一词于1900年最早出现，提出者是西蒙·帕顿(Simon N. Patten)。帕顿认为，社会工作者主要是指那些从事社会救济物品分发的人员。这还不能被称为专业社会工作者。随着社会的发展，社会问题日益复杂和多样化，过去的仅凭个人热情和信仰的、无组织且非专业的助人活动已不能满足社会的需要，社会工作于是走向专业化，作为专业人员的社会工作者也就出现了。

美国社会工作者协会(NASW)对社会工作者的界定为：“毕业于社会工作学院，运用他们的知识和技巧为个人、家庭、社区、组织和社会提供社会服务的人员。社会工作者帮助人们提高解决问题的能力，帮助他们获得所需要的资源，促进个体与人们及其环境的互动，促使组织负起对社会的责任，影响社会政策。”英国社会工作者协会对社会工作者的定义是，社会工作者是“受雇于社会服务机构或相关组织，在其雇用契约中明确规定其社会工作者身份，在社会工作实务领域内履行义务的专业工作者”。我国学者编著的《中国社会工作百科全书》将社会工作者界定为“从事社会工作的专业人员”。

以上几个比较权威的定义都将社会工作者视为专业人员。实际上，社会工作者是遵循社会工作的价值观念和专业伦理，运用社会工作专业方法从事社会服务的专业人员。社会工作者既然是专业人员，其从业资格的获得就需要经过一定的条件和手续。各国对社会工作者的认可、评核的标准不尽一致，国际社会工作界认可的社会工作者应符合以下几点：第一，持有社会工作执业证照；第二，具有社会工作专业教育的背景；第三，受社会工作道德伦理和职业守则的制约；第四，从属于社会工作专业组织或协会；第五，以社会工作作为职业生涯。①

二、社会工作者的专业层次划分

社会工作在西方发达国家的发展历史比较悠久。以美国为例，社会工作已经发展为一项成熟而独立的职业，根据服务对象的不同，其通常分为以下几类：一是儿童、家庭和学校社会工作者；二是医疗卫生社会工作者；三是心理健康与药物滥用社会工作者；四是其他社会工作者。

美国专业社会工作者的准入条件是必须具有社会工作专业学士学位，在一些小的社区机构，社会学、心理学及其他一些相关专业的毕业生也可以从事基础社会工作师的工作。美国社会工作师的分级主要依据社会工作者的学历、经验之不同做出划分。

(1)美国的社会工作学士学位教育主要是培养从事直接服务的人才，如个案工作者。本科课程阶段的学习主要包括社工价值理念培养，应对文化多元化及帮助案主度过危机，促进社会与经济公平，人类行为与社会环境，社会福利与服务，社会工作实践，社会研究方法等。

---

① 段晓清，薛和．当代社会工作[M]．北京：中国时代经济出版社，2003：246.

(2)美国的社会工作硕士学位教育阶段则要求学生在特定的领域中继续发展自己的专业素养，达到能够开展门诊咨询、管理大宗案例、胜任监督管理角色、创新性应对案主社会服务需求的职业水准。

(3)大学里的教学和研究职位则通常要求拥有社会工作博士学位。

美国各州关于社会工作师层次的划分不尽相同，不过从总体上来讲，美国社会工作师大致分为四个层次，从高到低分别是高级社会工作师、独立社会工作师、专业社会工作师、基础社会工作师(包括非专业社会福利人员)，具体情况见图 3-1。

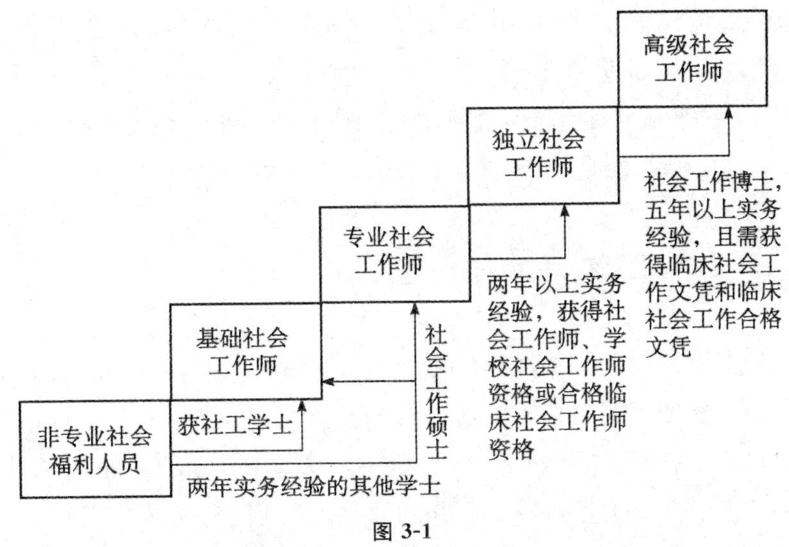

图 3-1

(1)高级社会工作师，要求拥有社会工作博士学位，并且具有五年以上实务经验，需要以已获取临床社会工作文凭和临床社会工作合格文凭为前提。

(2)独立社会工作师，即拥有执照的临床咨询社工。他们被要求拥有两年以上的实务经验，已获得社会工作师、学校社会工作师资格或合格临床社会工作师资格。获取独立社工师认证的具体要求在美国各州稍有不同，以犹他州为例，一位独立社工师必须接受过 4 000 小时以上的临床社会工作或精神健康治疗训练,这些训练必须在两年之内完成,且不包括以知识教育为目的的课程在内。

(3)专业社会工作师,指通过鉴定与认证的社会工作师。专业社会工作师必须拥有硕士学位及专业认证机构颁发的更高层次教育或培训项目文凭。他们的工作通常包括对精神健康治疗的监督和指导,通过采用观察、描述、评估、分析、介入、治疗等手段,运用社会工作的原则、方法和程序来防止、处理、消除案主的精神疾患或功能失调。

(4)基础社会工作师,从字面意义可理解为认证社会服务工作师。基础社会工作师需要拥有社会工作学士学位,而非专业社会福利人员通常是取得其他相关专业学士学位且社会工作实务经验满两年的社会工作者。他们必须通过社会助理工作师的认证考试,一般从事社会工作师的助理工作,或者从事病患和个案管理工作,不具备从事精神健康治疗工作的资格。

三、社会工作者的角色

社会角色是一个社会学的概念,是指与人们在社会关系体系中所处位置相适应的一整套的行为规范,是反映社会位置的一套行为模式。它指出了处于社会某一位置上的人应该如何去做,它反映了处于该地位的社会成员的责任、权利、义务和行为方式,是社会对处于特定地位上的人们行为的期待。随着社会工作专业的发展以及社会工作专业在社会中作用的发挥,社会工作者具有了众多的角色。英国学者贝克把社会工作者的角色分为三类,认为社会工作者有十三种角色模式。在这里,我们将结合贝克和其他学者的观点,综合性地介绍社会工作者在社会工作过程中的角色。

(一)直接服务角色

直接服务是指社会工作者面对面地接触处在情境中的服务

对象，提供直接服务，以帮助服务对象解决困难和问题的社会工作服务的方式。在直接服务中，社会工作者的角色有以下几种。

1. 支持者

在社会工作中，社会工作者常常要扮演支持者的角色，为处于困境中的服务对象提供心理上的支持，用一种恰当的方式表达对服务对象的理解和支持，让服务对象感觉到社会工作者愿意与他一起面对和解决问题。但社会工作者应注意自己的态度，应使服务对象不感受到威胁与贬抑。

2. 指导者

给予服务对象指导和忠告是社会工作者经常性的角色。忠告是一种建议、一种提议，给服务对象提示思考与解决问题的方向与思路，并不是代替服务对象作决定与行动。但是，社会工作者要在表现出对服务对象的关心及非常审慎地对待他的处境，并做出充分的预估后，才能提出指导和忠告。

3. 治疗者或辅导者

社会工作者作为治疗者或辅导者的角色有很长的历史，在某些时期它是社会工作者的主要角色，是回应某一时期社会问题的主要表现形式。传统的治疗对象集中于问题中的个人，现在已经发展到团体和社区。

治疗的目的是有系统地影响服务对象的人际互动或内在心理功能，直接同个人、团体、家庭进行工作，以便对那些发展性的、人际互动或环境方面的问题加以解决，控制或减轻症状，从而促进那些在发展、人际互动或环境方面有困难的个人、团体成员及家庭的成长。作为辅导治疗者，社会工作者的任务是帮助服务对象将其困难和需要加以分类分析；协助服务对象消除情绪困扰；帮助服务对象实现他们所追求的改变。

4. 照顾者

社会工作者需要对因生理或社会原因而处于特殊情境中的弱势群体(如受虐待的儿童、家庭暴力的受害妇女、残疾人、老年人等)经常给予照顾。照顾者的角色一是提供关怀和保护易受伤害的个人与团体,二是变成社会控制力量。从法律、社会、心理、政治、医疗和社会工作的观点看,一个人有可能受到社会给予的合法限制,这样当一个人的行为对他人和社会秩序有影响时,社会工作即成为社会控制的力量,社会工作者有义务以符合社会工作主要价值的方式表现其行为。如照顾与保护青少年、有精神疾病的服务对象等,可能都在社会工作者的直接督导与控制下。社会工作者对这些人群进行保护,是为了维护他们的生存权与正常生活,有义务在可能的范围内,尽可能地创造条件,保障这些人的自我发展与实践。社会工作者也有义务通过宣传使社会公众正确认识弱势群体及其权利。

(二)间接服务角色

间接服务是社会工作者作为服务对象的代表去争取资源,改进服务的输送方式,或创造新的服务,以满足服务对象的社会需要。社会工作者的间接服务角色包括以下几种。

1. 行政者

社会工作者在工作中经常以行政者的身份出现,目的在于在一个人群服务项目内计划、发展与执行政策、制定服务和工作方案。在行政角色中,社会工作者承担贯彻一个社会机构的政策和工作方案的职责。行政层面的角色包括实务工作的行政和福利行政。

2. 研究者

从某种意义上说,每一个社会工作者都是研究人员。社会工作实务研究包括研究相关的文献资料，评估实务工作的成效，诊断某具体项目的优点与不足，研究社区的需要等。社会工作者作为研究者的目的和功能有两个：第一，提高专业服务水准，掌握专业服务的目标以及发展社会工作专业知识与理论；第二，作为决策影响者，为社会政策的制定提供研究依据。

3. 咨询者

社会工作者作为咨询者的角色，是指向有关政府部门、社会团体、公众及其他专业提供关于社会工作专业的资料。此外，社会工作者还经常以专家身份参与各种委员会，作为专家提供咨询意见，如房屋政策委员会、扶贫政策小组、地区发展规划组等。这要求社会工作者具有极其丰富的专业知识与实务经验，并具有政策眼光与敏锐的思想，更要有对社会的献身与对人类福利理想的追求。

(三)合并服务角色

合并服务角色指那些无法清楚地区分为直接服务或间接服务的角色。主要有以下几种。

1. 促进者

促进者也称增强能力者、使能者、机能者、促成者等。促进者的角色在于使服务对象得知本身改变的潜力，有能力去解决自己的问题，可以对自己的前途负起责任，并促进他能与各种资源连接起来。在这个意义上，社会工作者是服务对象能力的促进和增强者。社会工作者的任务是帮助服务对象发现他们内在的能力和资源，以使他们的社会功能有所增强，继而使服务对象置身困境时，能用自己的力量或内在资源去应对遇到的情况。

2. 经纪人

经纪人也称中间人。经纪人的角色是认为服务对象的需要可以通过社会服务机构、制度、资源与机会的分配更有效地得到满足。角色的目标是将需要接受服务而又不知道到哪里去寻找资源的人与提供资源、服务和机会的系统联系起来，引导人们发现和使用这些资源、服务和机会，以满足服务对象的需要或处理服务对象的问题。经纪人的角色基于社会工作的信念，即资源是人们生存的必要条件。这些生存需要具有公平和社会责任的特征，社会有责任去满足这些生存需要。

3．调解者

这一角色是以最具建设性的方法和途径去化解纷争，目的是帮助处于冲突中的系统对于冲突的问题达成共识。社会工作者出于中立的立场，站在第三者的角度，对于冲突的各方及达成的共识没有任何既得利益。社会工作者的任务是帮助冲突双方认识对方利益的合法性和共同利益所在，竭力把冲突局限在具体的问题上、一定的时间和场所内，调停争执，消除误会，化解分歧，达成一致的认识。作为调解者，一定要清楚矛盾双方的立场，并帮助矛盾双方明确各自的立场与观点。

4．管理与协调者

社会工作者的管理与协调者角色，就是通过将服务对象与适当的服务不断联结的过程，达到为个人或家庭提供持续性的服务，以系统的方式把相关的因素组织起来，协调这些服务，以确保服务对象获得所需服务的目的。例如，在为具有多种问题的家庭服务时，通常有好几个机构同时工作，以满足该家庭在经济、情感、法律、健康、社会、教育、娱乐以及家庭成员之间互动的需要。因此，社会工作者常常作为协调人协调不同机构的工作，避免重复和冲突。随着社会工作服务输送方法与整合性服务的提供，社会工作者作为管理者去组织与协调各种服务以满足服务对象需要的工作越来越重要。

5. 倡导者

社会工作发展的历史始终关注着违反人类尊严与非正义的社会现象。社会工作者与社会中其他人士，共同致力于改变和消除社会结构或规范对人的歧视或贬低人的价值的负面影响，并对社会中的弱势群体特别加以关注。倡导者的角色就是矫正社会问题，建立一个保证所有成员尊严的公正的社会。具体而言，倡导者的角色是社会工作者与服务对象一起或作为他们的代表抵制或增进一个有目的的行为，为有需要的个人与群体争取权益和尊严，通过改进社会制度、社会规范来保护和促进这些新的权利。

倡导有两种，既可以通过倡导的工作来促进社会稳定，也可以通过倡导工作促进社会变迁。社会工作的倡导有三个层次：第一，对个人或家庭的直接服务，着重于个人或家庭的需要，引导他们争取所需要的资源和改变负向态度；第二，倡导建立或改变组织。倡导的主要工作是要建立一个推力，以改变机构中对服务对象没有益处的组织结构、政策或服务的输送方式；第三，对宏观社会政策目标的倡导。通过协商、冲突等策略论证弱势群体的需要与要求的合理性，对现存制度和政策提出批评和改进意见，寻求社会政策的改变、重新分配权利和资源。

6. 增权者

社会工作的一项主要目的是增权——通过改变服务对象的情况，帮助个人、家庭、群体、组织和社区增强其经济、社会和政治的力量与影响。增权者致力于提高服务对象以下的能力：理解自己生活于其中的环境，做出适当的选择，承受所作选择可能带来的结果，通过呼吁和有组织的活动改善自己的生活环境。增权者还致力于在不同的群体之间公平地分配资源与权利，而这正是社会工作的鲜明特色。

7. 教育者

教育者的角色是提供机会，让服务对象学习特定的社会技能；供给信息，使其更有效地扮演与发挥角色功能；预防问题与困难生活情境的发生。作为教育者的社会工作者，主要任务是向服务对象提供必要的信息，给予意见或建议，帮助服务对象获得并实践新的行为模式，教授解决问题的技术及澄清观念。

第三节　通用社会工作过程模式

“模式”就是人们对解决某类问题的方法所进行的归纳，以及对这种总结和归纳所做的理论概括。通过对社会工作过程的分析与研究，人们发现社会工作也有一种可以用于解决所有问题和帮助所有服务对象的“共通的”助人的方法和一般过程，这就是通用社会工作过程模式。它是对助人行动基本程序和方法的概括。

一、通用社会工作过程模式的理论依据

社会工作实务通用过程模式是以一套理论为基础的，它对社会工作实务进行指导，同时也提供了一套方法和技巧。

（一）多元因素决定论

多元因素决定论是社会工作实务通用过程模式看待个人和社会问题的一种角度。它认为对问题的归因不能简单地归一，单一归因不能全面准确地找出问题的根本原因，存在很大的局限性。我们面对的许多问题既有个人因素，也有社会因素，通常是这两者相互作用的结果。社会工作实务通用过程模式是以多元因素决定论为理论基础的，“多元”指个人、家庭、群体和社区问题的产生是社会中多种因素共同作用的结果，强调助人活动或者对服务对象的介入要从个人、家庭、群体、社区、社会政策等多层面进行。

（二）"问题"的"心理—社会"视角及解决方法

社会工作实务的"心理—社会"视角源于多元因素决定论，它强调从个人心理和社会两方面来理解服务对象和他们的问题。

从这个视角出发，社会工作者首先要辨识和评估服务对象"心理"的情况，然后要了解服务对象的社会状况和个人处境对他们的影响。这种工作方法有时还延伸为"生理心理—社会"视角的工作方法。

（三）"人在情境中"的实务视角

"人在情境中"的实务视角强调个人与情境之间的相互影响，在认识和解决问题时不能把个人与情境割裂开来。一方面，个人的行为和心理产生于具体的情境，要注重分析服务对象问题产生的社会背景、生活环境对他的影响，强调从分析个人问题与社会环境之间的关系中找出它们与整个宏观社会制度之间的关联性，从而努力倡导社会政策的变革。另一方面，人又是具有认知能力的能动个体，有自主选择生活的能力，社会工作者的任务就是通过改变环境和提高服务对象的能力来提升其社会功能，使其更好地适应社会。"人在情境中"的视角并没有否认个人对自己行为、问题和社会处境所应负的责任，它不能成为个人拒绝为自己行为负责的挡箭牌。

（四）系统理论

系统理论是研究一切综合系统或子系统的一般模式、原则和规律的理论体系。一般系统论认为，系统是由一定要素组成的、具有一定层次和结构并与环境发生关系的复杂整体，其功能取决于它的组成部分以及这些部分之间的相互关系。社会工作实务中的"系统"指围绕着服务对象所形成的各种关系系统，如夫妻、家庭、邻里、社区等正式和非正式系统。它强调超出服务对象自身的问题来评估他们生活环境的复杂性，以及个人问题与环境之间的关系。系统视角的社会工作实务非常强调以下几点。

(1)注重个人的整体性和完整性。强调人与环境是相互联系、相互影响的,强调整体环境中完整的人。

(2)强调社会系统,特别是家庭系统在塑造和影响人的行为及生活状态中的重要作用。社会工作者要努力了解个人与家庭、群体、组织和社区互动中的形态和方式,才能更好地理解服务对象的态度及行为,才能提供适合他们需要的帮助。

(3)注重运用社会资源帮助人们解决问题,满足需要。资源包括各种正式和非正式的网络资源,社会工作者认为资源在其实务中具有重要作用。

(五)优势视角

优势视角寻求识别、利用、建立和强化人们已有的优点和能力,强调人的能力、价值、兴趣、资源、成就和抱负在满足自己需要和解决问题时的作用。在社会工作实务中,应尽量发掘和运用服务对象的优点及自身资源帮助他们解决困难。

二、通用社会工作过程模式的理论框架

社会工作实务通用过程模式所涵盖的服务对象范围广泛,这些个人和群体之间存在着密切的相互作用,人与人之间、人与群体之间、群体与群体之间存在着错综复杂的关系,“人与环境”的相互作用、彼此依赖的视角构成了社会工作实务通用过程模式的重要概念和实务框架。

(一)社会生态系统理论

社会生态系统理论架构对社会工作实务通用过程模式的贡献在于,它界定了社会工作实务的活动涉及的三个系统:一是宏观系统,它包括组织、机构、社区和文化这四个重要的系统;二是中观系统,它指介于宏观和微观之间的系统,包括家庭、邻里、小

群体等群体；三是微观系统，它主要指个人系统，包括影响个人的生理、心理和社会等子系统。

社会生态系统理论框架将系统理论的抽象性与社会工作实务的要求和具体问题联系起来，强调社会工作的实务目标是使个人能够适应环境的要求。它为社会工作者提供了一个有组织的框架，社会工作者可以用它来分析不断变化的生活与特定环境中人的相互作用。

(二)内外影响力范式

所谓“内部”，指个人内在的动机，以及在个人内在动机下产生的行为；“外部”则指所有对个人行为施加了影响的外在因素，包括自然的和社会的因素。内外影响力的假设是，人自身及其环境中的各种力量促成了他用某种方式行事，这些力量的相互作用产生了特定的行为。

(三)生命周期理论

生命周期理论认为，人的发展都要经过几个普遍的阶段，每个阶段都是逐步攀升、发展的。从生命周期理论出发，通用过程模式的社会工作实务要求系统地、全面地思考个人或者群体在成长与发展过程中所产生的问题，找出影响个人或群体的内外因素，进而给予协助，消除影响人们成长和发展的那些个人与社会因素。

有这么一个案例：小刚 13 岁，是某流浪儿童救助保护中心的一名儿童。他的家在云南省一个非常偏僻的农村，家里很穷。他说自己读了两年小学，后来成绩不理想，也就不上学了。中心的社会工作者发现，小刚阅读报纸有困难，也不懂拼音，不善表达，很少说话；虽然能与其他孩子和平相处，但比较爱防备别人；善于算计，很有经济头脑，如他每天都会在课外时间外出捡拾废旧瓶子卖了赚钱。小刚在中心的表现很好，每天都能获得代表好品行的小红花，这些小红花可以换奖品，但小刚舍不得用它们，总是把它们攒起来。

在生命周期理论的框架下，社会工作者对小刚的帮助要针对他所处的生命阶段，即少年期的需要来进行。处在小刚这个阶段的少年，既有生物性的需要，也有社会性的需要，包括满足其身体发育所必需的食物和营养，以及接受教育、培养品德、完成社会化任务等。因此，对小刚的保护首先要满足其生存需要，同时要为其提供教育服务，使其学习科学知识，学习职业技能，满足其成长和发展的需要，为他走向社会做好准备。这些设计都是以他所处的生命周期的特殊需要为依据的。

三、通用社会工作过程模式的特点

从宏观上来看，通用社会工作过程模式将助人过程看作一个有计划、有步骤地解决问题的过程，强调实务过程是一个系统的程序，同时也是一个有弹性、分阶段和持续的过程。

（一）强调助人是一个过程

社会工作帮助个人和社会系统提升社会功能，解决或预防问题的产生，需要一个操作实施的过程——有计划、有步骤地达到改变的目的。社会工作只是协助人们改变现状的媒介，它离不开与服务对象的专业助人关系。社会工作的助人关系是实现目标的基石与灵魂。社会工作过程中出现的改变是由量变到质变的积累过程，它是社会工作者与服务对象一起去发现问题、分析问题、从学习改变到实现改变的过程，是一个连续的、有目的的改变过程。

（二）综合的理论取向

通用社会工作过程模式在理论取向上采取综合的立场，在解决问题的过程中，充分利用各种理论的解释力来分析、解决问题，从各种知识和方法中选取最好和最适当的加以综合运用。

(三)工作过程阶段化

通用社会工作过程模式将助人过程划分为逻辑上前后相连的几个阶段。这种分段并不意味着助人过程是截然分开、各自独立的,相反,划分的目的是要显示过程中不同阶段的内容和特点,在实际过程中它是有交叉和重叠的。

(四)工作任务阶段化

在通用社会工作过程模式中,助人的每个阶段无论对服务对象还是对目标实现都很重要,都有与之相联系的具体任务。社会工作者完成每一个阶段的任务都需要专门的方法与技巧,上一个阶段任务完成的情况会影响下一个阶段任务的完成。

(五)整合的价值观

通用社会工作过程模式整合了社会工作的核心价值观,每一个阶段的工作都强调服务对象的参与及社会工作者对服务对象的接纳与尊重。同时,通用社会工作过程模式还强调社会工作的伦理守则、助人自助的专业价值理念。整合的社会工作价值有助于社会工作者专业责任的履行。

四、通用社会工作过程模式的具体阶段

社会工作过程由一系列朝向既定目标的系统化行动组成,大体可以划分为以下五个阶段。这几个基本阶段之间是相互联系、不断循环的。

(一)订立关系阶段

这是社会工作过程的开始阶段,如果能与服务对象订立良好的关系,可以为以后的阶段、为实现社会工作目标奠定基础。当一个人想接受社会工作服务还未与社会工作者订立关系时,他还

不是社会工作的服务对象。在这个阶段，社会工作者首先要与其建立起良好的工作关系，使双方对各自的角色期望达成共识。所以说，订立关系实际上是社会工作者帮助求助者逐渐成为受助者并接受受助者角色的过程。这一阶段要做的工作如下。

1. 了解受助者的来源和类型

受助者有“自动求助或自荐的”“转介的”和“外展的”差别，与之相应，就有“自愿的受助者”“非自愿的受助者”和“不自愿或强迫的受助者”之分。受助者不同的来源和类型，使得他们对助人和受助会有不同的看法、态度和感受。一般而言，自愿的受助者对自己与社会工作者之间的求助与助人角色较为认同，愿意将自己的情况与社会工作者分享，愿意接受社会工作者的帮助，也有改变的动机；而非自愿的受助者或不自愿的受助者在这些方面都会有不同的看法、态度和感受，有时甚至有或多或少的抵触、不合作等。对此，社会工作者要有充分的准备，并能加以区别对待。

2. 初步评估

初步评估的任务主要是界定并确认对方的问题，对照机构的功能确定是否接受其为服务对象或转介。如果对方的需要与服务机构所能提供的服务相适应，机构有能力、有资源满足他的需要、解决他的问题，那么，社会工作者与求助者就可以进入下一阶段，继续为他提供服务。如果机构不能满足对方的需要，社会工作者要做出不提供服务或转介的决定。转介是社会工作方法之一，是指对本机构不能提供服务的个案，必须寻找另外的服务机构，经过一连串的专业服务机构，将其转送到其他服务机构，使他能够获得适宜的社会工作专业服务的一种社会工作过程。初步评估可以围绕以下方面进行：是什么使得对方来寻求帮助？对方希望从与社会工作者的接触中获得什么？他希望产生什么后果？

3. 建立专业关系

在社会工作的实务过程中，与受助者建立起良好的专业助人关系是实现助人目标的重要一环。社会工作者与受助者之间的这种关系，为受助者和社会工作者之间提供了一种有意义的连接，会激发受助者的学习动机，使其愿意利用社会工作者的协助，自觉接受社会工作者的影响。因此，不论受助者是个人、家庭，或小组、社区，社会工作者均有必要与之建立良好的专业助人关系。同理心、积极关注、尊重、亲切感、真诚等要素可以帮助社会工作者与受助者建立良好的专业关系。

4. 促使受助者进入角色

在与受助者建立专业关系的同时，社会工作者要和受助者相互澄清并讨论各自对对方的角色期望，使双方有一致的目标，避免因工作过程中的不如意放弃责任。社会工作者还要帮助及引导受助者逐渐接受自己的受助者角色，以便双方配合。

5. 与受助者以外的其他系统订立关系

社会工作者如果忽视了受助者以外的其他系统在助人过程中的重要作用，就不能有效地完成任务，实现社会工作目标。因此，社会工作者应根据需要，积极同受助者以外的有关系统和人员建立关系，共同合作。例如，学校社会工作者面对有不良行为的学生时，不仅要与他订立关系，还应与他的家庭、学校老师和同学等订立关系，这样才可能对其进行有效的帮助。

（二）预估问题阶段

在接受求助者并与之建立专业关系后，社会工作进入预估问题阶段。预估问题阶段应清楚而又具体地了解受助者的问题和需要介入的时间，它的工作成果将成为今后工作、行动的依据。

预估是收集与受助者有关的详细资料、了解其问题形成的过程，是依据既定情境中的事实与特点推论出有关受助者问题含义的暂时性结论的逻辑过程。简单地说，预估是认识、了解受助者问题的过程，包括收集与问题有关的详细资料、初步制定社会工作介入的目标和策略。

1. 预估的目的和任务

社会工作预估的目的主要是：第一，识别、发现受助者问题产生的客观因素，包括其背景资料、资源系统、问题存在的时间及曾经使用过的解决方法等；第二，识别、发现受助者问题的主观因素，即其对问题的主观实际感受；第三，识别、发现造成和延续受助者问题的因素；第四，识别、发现受助者及其生存环境中的积极因素，包括受助者自身及其所处环境的积极方面和长处，受助者自身及其环境中的资源、受助者的动机与能力等；第五，决定适合受助者的服务类型，通过评估可以提出解决问题的建议。用一句话加以概括，预估的目的是为了了解受助者本人和他的问题及受助者所处环境，建构一个计划帮助受助者去解决或消除问题。

预估的任务主要有：第一，了解受助者存在的问题，包括问题的性质、成因、程度及对受助者的影响；第二，了解受助者个人生活经历及行为特征，包括受助者的人格特征、能力、优势和弱点等；第三，了解受助者与环境的互动状况及其对自身问题的认识和改变的动力与能力；第四，了解受助者所处的环境系统的状况，包括家庭、朋友、工作单位、邻里及社区的情况，从中找出有利和不利于受助者改变的因素。

2. 预估的特点与原则

(1)预估的特点

根据约翰逊在《社会工作实践：多面手入门》中所列出的，社会工作预估的特点主要有以下几点。

第一，社会工作预估是持续性的，不能一次完成。预估不仅仅局限于社会工作过程这一阶段的工作，随着受助者与社会工作者关系的深化、社会工作者对受助者情况的了解，在社会工作过程的其他阶段中都有必要继续、不断地进行预估。

第二，预估的重点是人的问题和需要。受助者是社会中的人,因此应始终将人的问题及其需要作为社会工作预估的重点。

第三,社会工作预估为以后制定计划和采取行动奠定基础。社会工作预估是社会工作过程的重要一环,它影响到社会工作目标的制定、介入手段的选择。

第四,社会工作预估应有社会工作者和受助者双方的参与,鼓励受助者参与可使预估更加准确。

第五,社会工作预估是有计划、有步骤的过程。

第六,社会工作预估是广泛而深入的,应进行横向和纵向的探索。在进行预估的初期,应尽可能多进行横向了解,而后多进行纵向深入了解,以使预估更加全面。

第七,社会工作预估应是个别化、有针对性的。

第八,社会工作预估需要以坚实的知识基础为指导。如果社会工作者没有坚实的社会工作知识基础,就很难使预估较为准确地进行。

第九,社会工作预估渗透了专业判断与决策。

(2)预估的原则

社会工作者在进行预估时要坚持以下几项原则。

第一,个别化原则。每个人都是独特的,都具有各自不同的长处和弱点,预估要准确反映受助者的特点及其问题的特殊性,才能使介入计划和介入工作是符合特定的受助者的,保证介入工作是有效的。

第二,合作原则。预估需要受助者一同参与、决定探索问题的领域和探索的方式,这样才能使预估更加全面和准确。

第三,避免片面。为确保资料的准确性,社会工作者要采用多种方式收集资料,以防止在片面的资料基础上做出片面的认识,保证资料的可信性。

第四,避免简单归因。预估要尽量全面,避免对问题做简单归因。只有这样,才能识别出问题与环境、与其他因素之间的关系,识别出问题的产生、演变与发展的过程,使预估为科学的介入提供坚实的事实依据。

第五，兼顾受助者的弱点与长处。预估要采用优势视角，既要找出受助者的弱点，也要发掘他的长处。发现弱点和不足，能够帮助社会工作者认识受助者的问题所在；发掘优点和长处，可以为社会工作者提供解决问题和满足需要的资源。

3. 预估的步骤

(1)收集资料

收集的资料有以下两大类：一是有关受助者个人的资料，如受助者个人基本资料，主观经验，解决问题的动机，生理、情感和智力方面的功能发挥等；二是有关环境的资料的资料，即受助者生活中重要的社会系统、环境，如家庭成员的基本情况、家庭成员的角色和互动情况、家庭关系等，社会支持系统及其功能发挥，物理环境，案主的社会网络环境，社会的体制和组织环境。

(2)分析和解释资料

对资料进行整理，找出它们之间的逻辑关系，进而进行分析和解释，才能使其具有意义。分析资料是将整体分解为部分，以发现整体的性质、目的或作用；解释资料是努力阐明事物的含义或使之更容易理解，以更好地了解受助者的处境。

(3)认定受助者的问题

社会工作者可以从以下几个方面较好地认定受助者的问题。

第一，描述受助者的问题与需要。受助者的问题和需要是什么，问题的范围、原因、严重程度及持续时间如何。

第二，描述受助者的问题是如何发生的，问题的成因是什么。他的问题是在什么情况下产生的，产生的时间与先后次序是怎样的，受助者及其重要系统的反应及应对措施是怎样的。

第三，描述受助者的处境及其社会系统的情况。确定受助者系统、目标系统和行动系统，描述受助者各系统之间的关系。

第四，探究受助者问题得不到解决的原因。受助者对问题的看法、对问题的处理方法、受助者与资源系统的联系和关系形态、政府对资源系统的政策协调等都可能是受助者问题得不到解决的原因。

第五,描述受助者系统的发展阶段。了解受助者系统的发展阶段与状况,有助于社会工作者加深对受助者受助者问题与需要的认识和理解。

第六,描述并鉴定受助者系统的资源状况。评估受助者参与解决问题的动机,学习的能力,资源和时间等情况。

(4)做出预估报告

做出预估报告是预估工作的最后一步。预估报告要清楚表达对问题的认识,为社会工作者和受助者、社会工作机构以及与受助者有关的系统提供受助者的需要、问题等准确和详细的信息,为制订下一步计划提供依据。

(三)计划、签订服务协议阶段

这一阶段要在分析评估的基础上制订社会工作目标和计划,并以合约的形式与受助者取得共识,明确社会工作者和受助者共同的目标和责任。这是前两个阶段和后面阶段的桥梁,包括计划(指导介入行动的整体计划)和订立合约(社会工作者与受助者达成协议,以便计划的实施互有承诺)两个部分。

1. 计划

计划是一个理性思考与作决定的过程,包括制订目标、选择为了达到目标而采取的行动。计划的制订应是社会工作者和受助者一起工作的过程。

(1)制订服务计划的原则

第一,参与原则。在制订服务计划时一定要求服务对象参与,注重以服务对象为中心的计划设计。

第二,尊重的原则。在制订计划时,社会工作者要考虑服务对象的态度和意愿,与服务对象分享计划的目标和期望。

第三,具体化原则。社会工作者与服务对象在制订计划的过程中,针对问题的解决方案要具有可操作性,要明确需要解决的问题、介入的对象和方法。

第四，一致性原则。双方制订的计划要与工作的总目标相一致，工作的内容和过程围绕总目标展开。在计划中体现服务对象的改变和成长的力量。

(2)制订服务计划的方法

设定目的和目标。目的指服务总体上要达到的结果，是工作的大方向，通常是定性的表述；为了完成这个总目的，每个阶段需要设立具体的阶段性目标，这些具体目标是可操作的、可以量化的。

(3)构建行动计划

为了实现目标管理，社会工作者与服务对象需要就一套行动计划进行讨论，制订有效的行动方案，明确任务和责任。构建行动计划包括以下的两个步骤。

第一，选择介入系统。系统指成员之间的相互交流的场域。针对服务对象的问题，选择从哪个方向介入，一是要根据服务对象的需要，二是要考虑双方拥有的资源。一般来说，社会工作的介入系统可以分为个人、家庭、小组、社区以及宏观社会系统。

第二，选择介入行动。根据问题的发生，介入行动可以分为以下几种。

危机干预。当服务对象遭遇突发性事件时，如当服务对象遭遇失业、疾病和天灾人祸等不可抗拒的问题时，需要社会工作者立即进行干预，包括通报相关机构、安置服务、安抚服务和进行物资救助等。

资源整合。制订计划时，要了解服务对象的资源情况。社会工作者要根据服务对象的需要和问题来说明要建立和串联的资源网络，包括服务对象需要哪些资源、谁能提供这些资源、如何动员资源以及什么时候和怎样使用资源等。

经济援助。常规性经济援助包括对低收入的对象给予正式的制度性帮助。临时性经济援助是当服务对象出现特别需要时提供的帮助，如紧急医疗救助、特别教育补助，以及临时性的物质帮助、从非正式的社会网络和资源系统获取的资源等。

安置服务。这类服务是根据服务对象的需要，将服务对象带离原来的生活场所，进行暂时或替代性安置的服务。根据时间长短可分为临时安置、短期安置、长期安置和永久性安置。从安置场所来看，有为老人提供的养老院、日间照料中心，为儿童提供的儿童福利院、寄养家庭、领养家庭、少年管教所，为吸毒人员提供的戒毒所，为精神病患者提供的精神病院、疗养院，为乞讨人员提供的社会救助站，为家暴的受害妇女提供的避难所等。

计划是进入实质性的帮助的前奏，科学的、合理的计划为介入工作提供了依据和方法。

2. 签订服务协议

服务协议也称服务合约，是社会工作者与受助者经过讨论协商达成的、满足受助者需要和解决问题的工作方案，是社会工作者和受助者为解决问题而共同工作投入努力的承诺。它体现了社会工作者与受助者之间的互动合作关系，具体地标明了社会工作者和受助者对问题的认识与界定，工作的目标及双方相互的责任。在本质上，服务协议是社会工作者与受助者间明确的协议，是一种约束机制，将参与各方约束到一起，直至目标的实现。

服务协议的内容一般包括计划的目的与目标；社会工作者和受助者各自的角色和任务；为达到目的和目标所要采取的步骤、方法、技巧；期望达到的结果及总结、测量的方法等。

制订服务协议应遵循明确原则、双方认可原则和弹性原则。

社会工作服务协议可以是书面的协议，也可以是口头的协议。书面协议要列明各项工作目标，社会工作者和受助者双方各自的义务和责任。口头协议的效用与书面协议的效用没有明显的区别，是受助者不习惯签订协议的变通。

(四)工作介入阶段

工作介入阶段也称行动阶段、执行阶段或改变阶段。这是社会工作者运用专业知识、方法和技巧,协助受助者按照前一阶段达成的社会服务计划与合约开展工作和采取行动的阶段,是助人过程的重要阶段。介入的目的是解决问题、促进受助者的成长、提高人们的生活质量。

1. 介入的分类

社会工作介入的策略可以分为直接接入和间接介入两种。

(1)直接介入即与受助者一起行动。它是指以个人、家庭和群体为关注对象,针对个人、家庭和群体采取行动,重点在于改变家庭或群体内的人际互动,改变个人、家庭和小群体与其环境中的个人、社会系统的关系和互动方式。

直接介入的策略包括:第一,帮助受助者认识和运用现有资源。在许多情况下,受助者的问题是与他缺乏所需资源相关的。在这种情况下,使受助者能运用现有资源就成为恰当的介入策略。第二,对受助者进行危机干预、危机调适。当受助者处于危机状态时,帮助其尽量将危机的时间缩短、减轻危机的严重影响的危机干预是最有效的介入策略。第三,运用活动帮助受助者。组织活动可以更好地帮助不善于语言表达的受助者,可以帮助他增强自信、发展能力。

(2)间接介入即代表受助者采取行动,也称为改变环境的工作,是中观和宏观的社会工作实务。它是指以个人、家庭、小组、组织和社区或更大的社会系统为关注对象,由社会工作者代表受助者采取行动,通过介入受助者以外的其他系统,间接帮助受助者的行动。

代表受助者采取行动的策略包括:第一,争取有影响力的人士参与工作,共同为实现社会工作目标而努力。第二,协调各种服务资源与系统,将它们连接起来,以达到服务的目标。第三,发展、创新资源，满足受助者的需要。第四，改变受助者所处的环境，从而达到服务的目标。第五，改变组织与机构，更好地为受助者服务。第六，集体倡导。社会工作者的倡导可为受助者争取所需的资源，改变社会不公正的现象，促进社会公平公正。

2. 选择介入行动的原则

(1)个别化

只有针对受助者系统的特点采取介入行动，才有助于问题的解决。因此，社会工作者要根据不同的受助者采取个别化的介入行动。

(2)考虑受助者的发展阶段

社会工作者介入行动的选择，应充分考虑受助者的发展阶段。对于个人，社会工作介入行动应集中于帮助其完成个人生命发展相关阶段的生命任务；对于家庭或群体，社会工作介入行动要考虑家庭和群体发展特殊阶段的特殊任务。

(3)受助者参与

社会工作者在采取行动时，要依靠受助者，与他们紧密配合，共同参与介入行动，最大限度地发挥受助者系统的积极性和能动性。

(4)考虑经济效益

社会工作介入行动要量力而行，优先考虑投入时间和精力最少的行动，以最小的成本投入获得最有效的改变结果。

(五)评估、结束阶段

评估、结束被看作社会工作实践过程的最后阶段。这时，介入的目标已经达到，受助者的问题已解决、需要已满足，受助者不再需要社会工作者的专业服务了。

如果受助者与社会工作者之间形成了比较密切的关系，结束常常是痛苦的过程，尤其对受助者而言，社会工作者也常常难以避免。在整个社会工作过程中，受助者与社会工作者常常共同讨论敏感性的问题，共同付出巨大的努力并做出积极的改变，受助者也许形成了对社会工作者的依赖，所以，在结束的时候，受助者往往会若有所失，有些受助者甚至会愤怒和拒绝结束。因此，社会工作者要非常重视这一阶段的工作，巩固社会工作的效果。

1. 评估

评估是指运用科学的研究方法和技术，系统地评价社会工作的介入效果，总结整个介入过程，考查社会工作的介入是否有效、是否达到了预期目的与目标的过程。

社会工作评估具有持续性、互动性、逐步深入等特点。评估的内容主要有三个方面：一是制定的目的、目标是否恰当，是否有效的达成；二是工作方法和技巧是否运用得当；三是社会工作者的角色和任务完成情况。

社会工作评估通常使用过程评估和结果评估两种类型。过程评估是对整个介入过程的监测，对工作过程的每一个步骤、每一个阶段分别做出评估，重点关注工作中的各种步骤和程序怎样促成了最终的介入效果。结果评估是在工作过程的最终阶段进行的评估，包括目标结果和理想结果。

2. 巩固受助者已有的改变

社会工作的实质是助人自助，因此，受助者在社会工作助人过程中获得的经验能够保留，并运用于日常生活是极为重要的。在总结评估阶段，社会工作者有责任努力巩固受助者已有的改变努力。社会工作者可以通过以下途径帮助受助者巩固已有的成果：第一，帮助他回顾工作过程，这样做可以进一步帮助受助者学会如何解决问题；第二，强调他已经取得的成绩，这样可以进一步增强受助者的自信；第三，有必要可以假设一些问题，同受助者讨论解决方法，给予必要的指导。

3. 解除工作关系

正式与受助者解除工作关系，并不是社会工作者绝对不再与他有任何接触，而是不再继续提供服务。解除工作关系的基本方法包括转介（即将受助者转往其他机构接受服务）、转移（即转由本机构内的其他工作者为受助者提供帮助）、终止（即不再为受助者提供服务）。

第四章 社会工作的方法

社会工作是一种帮助人的实践活动，它能够帮助人们解决问题、发展能力，促进社会和谐。要实现这些助人功能，社会工作者是需要运用一定的方法的，一般是个案工作、小组工作、社区工作和社会工作行政这几种方法。本章对这些方法进行详细的阐述。

第一节 个案工作

个案工作是最早被认可的社会工作方法，可以说个案工作的起源就是社会工作的起源。

一、个案工作的定义

个案工作是由英文 Case Work 直译过来的词语。在近百年的社会发展过程中，随着社会科学的发展和社会思潮的变化，个案社会工作的具体方法和重点也在随着社会的变化而不断变迁。学者对个案工作的认识也是一个发展和变化的过程，在不同时代对个案工作的理解也是有所不同的。

玛丽·瑞奇蒙德提出："个案社会工作包含着一连串的工作过程，它以个人为着手点，通过对个人与所处社会环境作有效的调适，以促进其人格的成长。"

美国社会工作学者鲍尔斯认为："个案社会工作是一种艺术，这种艺术以人际关系的科学知识与改善人际关系的专业技术为依据，启发与运用个人的潜能和社区的资源，促使案主与其所处环境(全部或部分)之间产生有效的调适关系。”

斯莫利认为:“个案工作是一种一对一的方法,经由专业关系,促使案主使用社会服务,以增进个人和一般社会福利。”

美国社会工作者协会1965年出版的《社会工作百科全书》认为:“社会个案工作所注重的不是社会问题本身,而是‘个案’,特别注重为社会问题所困或无法与其社会环境或关系圆满适应的个人或家庭。社会个案工作的目的是对于个人与个人或个人与环境的适应遭遇困难的个人及家庭,恢复、加强或改造其社会功能。”

综合上述观点,个案工作可被界定为:专业工作者遵循基本的价值理念、运用科学的专业知识和技巧(基础)、以个别化的方式(原则)为感受困难的个人或家庭(对象)提供物质和心理方面的支持与服务(内容),以此来帮助个人或家庭减低压力、解决问题、挖掘生命的潜能,不断提高个人和社会的福利水平。

二、个案工作的发展历程

从西方社会工作的发展轨迹上来看,1920年以前的社会工作,基本上等同于社会个案工作。个案社会工作的方法最早起源于早期的宗教慈善救济,经过19世纪慈善会社的发展,到20世纪出现专业化和学科化的推进,直到20世纪50—60年代,个案社会工作理论与方法呈现多元化的发展方向,其间大致经历三个发展阶段。

(一)萌芽时期(17世纪至19世纪中期)

早期慈善服务中虽然采用一对一的服务方式,但主要是直接提供物质帮助,并不构成科学的个案社会工作方法。最早对个案社会工作做出直接贡献的是英国牧师查默斯。1819年,他在英国圣约翰教区任职时,创造了“程序指引”救济理论。这一理论对个案社会工作的贡献主要在于其强调个别化的方法。

查默斯认为应对每个个案分别予以处理，以提供适合救助者个人的适当救助。为此，他将教区分为十个区，每个区都由一名友好访问员负责。友好访问员对所管辖内的所有穷人及潜在穷人的家庭情况，甚至个人品性都进行深入的了解。可以看出，查默斯已经意识到《济贫法》在具体操作上所存在的缺陷，并努力对其进行改进，使救助更具针对性。这种个别化的方法后来成为个案社会工作中一个极为重要的原则。

1843 年，美国“改进贫穷状况协会”成立。协会人员以个别化的方式来协助贫民，他们访问贫困家庭，提供咨询，鼓励就业，塑造贫民自尊、自立的精神，这进一步发展了个案工作的工作方法。

1869 年，世界上第一个慈善组织协会在英国成立。1877 年，美国也出现了同类组织，随后，此类组织在世界各地大量涌现。

慈善组织协会接受查默斯的思想，反对公共救济，认为应该让贫民尽其所能维持其生活。他们聘用了“友善访问员”来访视贫困家庭。

慈善组织协会为专业个案社会工作的发展奠定了基础，尤其是专业培训的开展使个案社会工作人员由志愿服务者逐步转变为职业性的专业人员。

（二）专业化、学科化时期（19 世纪后期至 20 世纪 30 年代）

1917 年，玛丽·瑞奇蒙德根据实际工作经验和教育培训的经验出版了《社会诊断》一书。她第一次把个案社会工作的经验提升为一种学术性的理论，这表明个案社会工作开始其专业化、学科化的过程。她在 1922 年出版的《什么是社会个案工作》，以系统的方式，说明社会个案工作的原则、诊断工作的架构，阐明个案工作者的责任和提升会谈的重要性。

20 世纪二三十年代，个案社会工作深受弗洛伊德开创的精神分析理论的影响，心理学派使个案社会工作走向了更深入、更专业的境界。

（三）多元化发展时期（20 世纪 40 年代至现在）

1957 年，波曼等出版了《个案社会工作：一种问题解决的过程》一书，创立了问题解决学派。20 世纪 60 年代，哥伦比亚大学的霍丽斯的《个案社会工作——社会心理治疗法》一书出版，此书进一步强调了社会心理治疗学派的重要观点，使这一流派成为当今个案社会工作的主流，对其后出现的其他治疗模式产生了相当大的影响。20 世纪 70 年代，个案社会工作者又开拓出新的工作方法，如行为修正模式、任务中心模式、家庭治疗模式等。总之，个案社会工作的理论模式越来越多元化，个案社会工作的方法也朝科学化的方向发展。

三、个案工作的基本过程

个案工作程序包括申请和接案、资料收集、诊断、确定目标与制订计划、服务与治疗、结案评估和追踪这七个步骤。这是一个前后呼应的有机整体，不能完全将其割裂开来，要一个步骤、一个步骤单独去完成。

（一）申请和接案

申请与接案是个案工作的第一步。申请与接案指工作者与求助对象进行初步接触，对其带来的问题进行初步评估，并根据机构的功能与求助者商讨是否可以提供服务，使求助者成为案主。它包括求助者提出申请、社会工作者或专门的接待员与其进行初步会谈并确定是否接受申请等程序。每一个机构都有不同的宗旨和目的，因此服务的对象和地区以及所处理的问题的性质都会受到限制。如果发现案主的问题的性质并不符合机构的规定，则需转介至能够提供适当协助的其他有关机构。

转介一些非机构或者个人所能提供服务的个案是指经过必要的程序，将个案转送到其他机构或者个人处，使求助者能够得到适当的服务。转介服务发生在两种情况下：一是工作者判断求助者所需解决的问题不属于本机构服务的范围；二是服务机构为某一个区域的人提供服务，求助者不属于这个区域。

(二)资料收集

接案以后，为了能够为案主提供有效的服务，首先须对案主的问题有充分了解，以便“对症下药”。因此，第二个步骤的主要工作是收集有关的资料并对问题做出分析、判断。

资料收集从了解案主的基本情况入手，主要包括个人资料和社会环境资料的收集。个人资料包括案主个人的基本情况、案主生理和心理状况以及案主的价值体系和能力素质等方面内容。环境方面的资料主要包括案主生活的家庭系统、朋辈环境、社区环境、工作环境等方面的资料。

(三)诊断

诊断就是通过对问题的了解去发现协助和治疗的方向。诊断的目的在于了解案主问题的真相、特质、症结所在，起因以及对案主的影响；了解案主的人格、所在的环境及其社会关系；了解与案主有关的人的人格和他们与案主的相互关系，以及案主对问题的态度和对其本身与社会环境的看法；发现解决问题的各种有利条件和不利因素。社会工作者应从三个方面着手对案主的问题进行诊断，即服务对象的问题、问题产生的原因、案主已采取的措施。

(四)确定服务目标与制订服务计划

制订服务计划是由社会工作者与案主共同承诺，合作实现双方所确定的目标及其目标的实施步骤的过程。确定目标解决的是做什么的问题，而制订服务计划则需要回答怎样做的问题。

(五)服务与治疗

服务与治疗是社会个案工作程序中的一个重要步骤，前一个阶段的问题诊断和服务计划的设计,在这个阶段中付诸实施。在服务实施的过程中,工作者的主要目标是:协助案主对自身有一个清晰的了解,进一步探索自己的问题;协助案主调整社会关系;协助案主改善个人生活环境。

(六)结案评估

每一项工作都有结束的时候。个案工作不是一项无限期的服务活动,当服务目的达到或基本达到的时候,工作者与案主之间的专业关系就面临着结束和评估的工作。评估是社会工作者评定个案工作的效果和效率的过程,是工作者总结经验、自我反省、自我提高的过程,也是一个必要的工作步骤。

(七)追踪

结案并不意味着完全终止服务,工作者还须根据案主的情况进行跟进服务。同时,跟进也是持续评估工作绩效的一部分。

四、个案工作的技术

社会个案工作的主要形式有会谈、访视与记录等,每种工作形式都有其独特的目标、方法、程序、原则与技巧。为使社会个案工作达到理想的境界,社会工作者必须对此有透彻的理解与熟练的运用。

(一)会谈

会谈是个案工作的支配性的工作形式,会谈贯穿于个案工作的全过程,工作者通过会谈了解案主的情况、需要,并通过会谈及其他方式协助案主处理其困难、问题。在个案工作过程中,会谈是必不可缺的,也是举足轻重的。会谈的有效与否,将直接影响治疗的效果。

1. 会谈的特点与形式

会谈与一般交谈之间有共同之处，但也有很大的区别。其主要表现为会谈内容是根据会谈目的确定的，与会谈目的无关的问题应加以排除。在会谈过程中，工作者与案主的角色与职责有明确的区分。工作者有推动会谈程序的责任，工作者有向案主提供服务的必要，而案主对工作者并无此义务。在会谈中，工作者的提问与应对必须是经过详细计划，有意识地选择后形成的。会谈时间的确定、地点的选择，以及会谈时间的长短都应经过正式安排（紧急情况除外）。会谈不是娱乐性活动，所以不愉快的感受不应加以避免。

会谈的形式有传统的个别会谈，即一个人与另一个人以面对面的方式相互交谈。除此之外还有工作者与两人以上的接受会谈者共同讨论的家庭会谈、夫妻联合会谈与小组会谈等。

2. 会谈的阶段

会谈一般包含开始、中间及结尾三个阶段，不同的阶段有不同的内容与目标。在实际会谈中，三个阶段可能难以明确划分，但为了学习及分析起见，我们还是把会谈分作三阶段加以讨论。

（1）开始阶段

此阶段的主要目标是使社会工作者与案主间彼此认识，共同确定会谈的内容。工作者在会谈前应做好会谈的环境和心理准备，以便于会谈的进行。当案主踏入会谈室时，工作者应营造一种温和与舒适的环境，减轻案主因寻求协助产生的不安感。工作者应热情主动地与案主接近，如与案主打招呼，进行简短的社交谈话等。当一切就绪之后，工作者以“开场白”作为正式会谈开始的信号，开场白宜使用各种启发性的语句，如“你想要谈些什么？”“你能不能告诉我，什么事情使你来见我？”“你能不能告诉我你的困难？”“我们从哪里开始谈起呢？”等，鼓励案主说出求助的目的。如果不是第一次会谈，工作者不妨以“一切事情怎么样？”“自上次见面以后情形如何?”“今天你想谈些什么?”等作为开场白。开始阶段的会谈内容涉及的是比较一般性的问题,以不激起太多的情绪反应为宜。

(2)发展阶段

这个阶段是会谈的主要部分。会谈的各种活动是针对会谈目的而设计的,工作者必须运用他的技巧把他与案主之间的互动朝着会谈的目的推进;同时,工作者要设法维持彼此舒适满意的气氛,与案主建立并发展良好的关系。为此,工作者应时时注意会谈的范围、深度与话题的转移。会谈的范围指会谈内容的广度。工作者应运用其对特殊问题的专业知识来确定会谈所应涉及的广度。从原则上讲,工作者不应忽略某些方面,而应协助案主坦诚讨论与问题有关的每个细节。在讨论一般性内容之后,工作者应把焦点放在特殊领域中以作深入探讨。这种深入探讨可能会卷入较多情绪因素。问题的范围与深度是两个互斥的因素。如果范围扩大,就无法兼顾深度,所以工作者应采取适当的策略以平衡两者的关系。话题的转移可由工作者或案主任何一方发起,当转移发生时,工作者应运用其敏感力及判断力去决定是否容许此种转移进行;如果转移的发生会影响会谈内容的进行,或代表案主的防卫机制,工作者应谨慎决定是否要阻止话题的转移。

(3)结束阶段

通常在会谈之初,工作者应很明确地告诉案主会谈时间的长短(以 45 分钟到 50 分钟为基准)。在会谈结束前 10 分钟左右,工作者应开始做结束前的准备,以使结束过程进行得平稳而顺畅。在此阶段,工作者应有意识地协助案主从强烈的情绪中摆脱出来,恢复平静的心境,不让案主带着未平息的情绪离开会场。在结束会谈的同时,工作者还须为下一次会谈做准备,包括预先约定下次会谈的时间、地点,并将案主礼貌地送至会谈室的门口。

(二)访视

访视就是工作者亲身进行实地观察,以了解案主情况。案主会谈所提供的资料有时会因案主的片面表达而失去真实性。因此，个案工作者应当进行实地访视，用专业眼光亲自进行观察和判断，以此来获得更客观、更全面的资料，以补充和修正案主提供资料的不足与偏差。只有依据全面、确凿的资料，工作者才能做出正确的诊断与分析，制订切实有效的治疗方案。

访视的地点要根据个案工作的实际需要决定，一般是案主的家庭，此外还有学校、工作单位等。

为了使一次访视能够有效地进行，必须注意下列事项。

(1)明确访视的目标。在访视前先要确定具体的访视目标，即工作人员要明确到底想观察什么，了解什么？这样才不至于使访视过程无的放矢，浪费工作人员的时间和精力。访视的目的不同，所用的时间、技巧也不同。所以，必须先确定目标，访视才能有正确的方法和方向。

(2)做好访视的准备。工作者须先了解与案主有关的资料，为访视做好充分的准备。此外，为了寻找方便，应先记下案主的姓名、地址、电话号码、交通路线，这样才不至于因找不到地址而浪费时间和精力。

(3)选择访视的时间。“什么时间去拜访”是一个很重要的因素。访视时间必须视被访视者的情况而定。下班后或节假日一般是比较合适的时间。至于要不要与被访视者事先约定也要根据访视的目的和案主的情况决定。

(4)访视者的服装。整洁、朴实是工作者穿着的一般原则。工作者的穿着还需根据访视的对象不同作必要的调整，以较能接近受访者的生活习惯为宜，令工作者与被访视者之间不致产生隔阂。

(5)访视者的态度。除了访视者的服装外，外出访视者的态度与言行自然更为重要。工作者代表的是整个机构，因此态度和言行须特别严谨。言谈举止应尽量合乎当地的风俗并顾及被访视者的社会背景，尽可能使用案主的语言方式交谈，以促进双方更好合作。

(三)记录

记录是指工作者在与案主接触的过程中把案主情况及其处理过程详细地记载下来。记录的内容包括一般的基本资料(如姓名、性别、年龄等)、案主的问题、案主对自己的问题的看法以及工作者对案主问题的分析、处理经过等。

1. 记录的目标

(1)为了取得正确的诊断和有效的治疗,必须以详细准确的资料为依据。

(2)如果出现案主需要转案或工作人员发生变动,记录可以帮助新的工作者了解案主。

(3)良好的记录可以应用在社会研究、社会计划和教学中。

2. 记录的方式

社会个案工作机构一般都有根据特殊需要确定的、固定栏目的记录格式。下面介绍几种通用的记录方式。

(1)流水账式,即把所有收集到的有关案主的资料全部记载下来,好处是内容详尽,可备不时之需,缺点是浪费时间,目标不明确,缺乏分析整理。

(2)对话方式,即记录案主和工作者在会谈过程中彼此之间互动或沟通的内容,除了记录对话之外,表情、动作等身体语言也详细地记录下来。这种方式内容周详生动,阅读者通过这样的记录能够清楚了解案主内在的心理感受和问题、工作者的会谈技巧、工作者和案主彼此之间的互动过程。这种记录方式适用于教学和督导。

(3)分段方式,即按事情发生的先后次序分段记录,每段加上一个标题,使内容清晰可见。这种记录方式常用于各种个案报告中。

第二节　小组工作

社会工作方法中的小组工作是现代民主思想的产物，其理论运用和发展，都是以现代民主思想为思想基础的。

一、小组工作的定义

人类一直过着群居生活，人是群居动物，不能离开群体而独居，所以要想了解人就要深入了解人类生活的形式——群体或小组。所谓小组，就是指两个或两个以上的人有目的地组成的团队。

小组工作这一词语最早是由英文 Group Work 或 Social Work with Group 直译过来的。由于历史发展的经验，小组工作的形式与内容是一直变化着的。小组工作的含义，也众说纷纭。

1935 年，柯义尔给小组工作下过定义："小组工作的主要目的是以经验为媒介，去满足个人的社会兴趣和需要；这种小组经验具有个人自我发展与社会价值的双重目的。"

美国小组工作者协会也指出："小组社会工作就是由小组工作者指导各种小组从事各种小组活动，使这些活动有助于个人发展和社会目的的实施。"

美国小组社会工作专家威尔逊与赖兰认为："小组社会工作是受过专业训练的小组社会工作者，在其所属的机构或社团的支持下，依据小组社会工作原理和方法，以及工作者对于个人、小组与社会的了解，运用工作者与小组、小组分子及社会的交互关系，以促进个人、小组与社会发展为目的的专业工作。"

在这里，我们认为，小组工作就是以小组为工作对象，在社会工作者的协助下，通过小组成员之间有目的的互动互助，实现娱乐、教育和治疗的目标；促进小组成员的个人成长，获得其行为的改变、社会功能的恢复和发展；最终实现社会繁荣，个人与社会的和谐一致的社会工作方法，它是一种直接的社会工作方法，其基本价值理念是助人自助，即帮助那些有困难的人解决他们的问题。

二、小组工作的发展历程

(一)小组工作的缘起

从西方社会工作的发展轨迹来说，1920 年以前的社会工作，基本上等同于社会个案工作。但这并不代表小组工作就不存在了。

小组工作被作为一种社会服务方法是从 1844 年英国创立的青年会组织开始的。青年会的创始人乔治・威廉斯本是一名布店学徒，在工作和生活中他发现，许多与他一样的学徒和店员工作之余无所事事，一些人逐渐染上都市的恶习。为改变这一情况，他发起组织了青年会，吸收工友参加，定期举行集会，从事各种宗教和社会活动，并开展有益会员身心健康发展的活动。基督教男青年会简称“YMCA”，于 1844 年创立。从此，揭开了小组活动的序幕。之后，针对青年人的各种各样的娱乐性、教育性小组活动不断开展起来。因此，我们可以将威廉斯称为小组工作的鼻祖。之后，更有针对性的康乐组织、母亲会、老人会、儿童乐园运动等服务性小组相继出现。

这一时期的小组工作主要是协助个人适应工业社会的变迁。它以提供休闲活动为主，但同时也提供改善生活素质的社会服务。这一阶段，小组工作还没有构成一种专业方法的理论基础和知识体系。

(二)小组工作的发展

自第一次世界大战以后，小组工作已成为一种运动，但人们并不认为其是一种社会工作方法。直到1923年,查德希在美国的大学里面开始讲授有关小组工作课程,这一情况才开始变化。

1927年,这种以讲授用小组工作的方式来为受助者服务的方法的课程被正式定名为“小组工作”(Group Work)。此时,小组工作已经开始被视为一项专业工作。1935年,“全美社会工作会议”开始接受并讨论关于社会小组工作的文章;1936年,社会小组工作研究协会成立。

1946年,在“全美社会工作会议”上,学者柯义尔发表《迈向专业化》一文。他指出小组工作属于社会工作方法,这一意见被大会接受,小组工作正式成为社会工作的方法之一。在这一阶段,小组工作的方法继续运用于对女工、儿童、老人、失业工人等方面的实践,不断促进个人的成长,服务于社会的各个阶层,其本身的成长明显地表现为学科知识的系统化、方法的多样化。

(三)小组工作的多元化发展

20世纪40年代以后,小组工作出现了多元化发展过程,被广泛运用,形成了小组工作三大模式,即社会目标模式、治疗模式和互动模式。

从小组工作发展的历史中我们可以了解到,最初的小组工作主要是向儿童及青少年提供娱乐服务和满足他们最一般的知识需求的工作。随着社会的发展和进步,社会对人的要求不断提高,社会需要和个人需要的改变,使小组工作的领域不断扩大。今天,欧美各国以及我国的香港和台湾地区,小组工作已经普遍地应用于社区服务、青少年服务、儿童服务、家庭服务、老年服务、医疗服务和学校服务之中。

三、小组工作的模式

(一)社会目标模式

社会目标模式源于小组工作的早期实践,是最早的小组模式。它主要运用于社区层面,与社区工作方法有许多相似之处。它强调通过一系列小组活动培养公民的社会责任感和社会意识。

社会目标模式的代表人物是惠特克,其理论基础是社会系统论,即认为社会系统与个人和群体间是相互作用、相互影响的。他认为个人和群体出现功能失调或问题,往往与社会系统的功能失调有关;而个人和群体的行为又对社会系统的运转与社会变迁产生影响。除了社会系统论之外,其还包括新弗洛伊德(Neo-Freudian)的人格理论、机会论、无权论、文化贫乏论、政治经济理论以及杜威(John Dewey)的教育哲学理论。

社会目标模式的核心概念是社会意识、社会责任和社会变迁。该模式主要以社区归属和社会整合为最终目标,关注的不是小组成员个人,而是通过小组工作中一系列原则、方法,来组织小组活动并以此培养小组成员的社会责任感、社会意识、社会良知,推动社会变迁。即以小组工作促成社会行动,从而实现社会的变迁。它主要用于公民教育、道德教育等方面。

该模式关注的总体目标是培养小组成员的社会责任感、社会归属感,实现社会整合。

(二)治疗模式

治疗模式亦称为临床模式,它吸收了大量的精神医学、心理治疗、心理咨询等的理论和技术。这种模式主要是将具有相同、相似性质的心理或行为异常的求助者结合在一起,利用小组环境促进成员对个人问题的认识,从而令成员可以有效地控制自己的情绪,矫正不良行为,消除症状。

早期,治疗模式受雷德的影响。近年来,密歇根社会工作学院以文特为首的学派进一步发展了雷德的理论和方法。

治疗模式的理论基础包括行为矫治理论、学习理论、精神病学、心理咨询和心理治疗等。治疗模式关注的重点不是社会,而是个人的心理和行为矫治。小组工作重点是怎样运用小组工作来改变人的功能丧失与行为偏差,协助个人社会功能的恢复与行为的矫治。小组在这里是治疗环境，也是治疗工具。小组工作的目标在于通过小组经验来治疗个人心理、社会与文化的适应不良问题。这一模式被广泛地运用于精神病治疗、心理治疗、青少年不良行为矫正等领域。

治疗模式中，小组工作者以专家的身份出现。他的任务是研究、诊断与治疗，必须有足够的能力去诊断个人的需要，安排治疗计划。同时，他也像一位家长或者导师，引导并协助成员的互动，促进成员的行为发生实际的改变，并及时给予鼓励和支持。换言之，该模式的介入目标是个人的康复和重建，其最终目标是改变受助者而不是改变社会。

（三）互动模式

互动模式的理论基础包括小组动力学、系统理论、社会互动理论以及社会心理学理论等。它认为个人与群体之间存在着依赖关系，个人必须从群体中学习，与成员交流，群体互动有利于个人形成和发展良好人格，也有利于面临共同问题的人进行交流，获得心理支持，缓解个人的危机和问题。

互动模式小组工作的重点不是社会或其中某个成员的心理和行为问题，而是小组成员之间的互动过程，通过互动增强组员能力。小组是个互动的系统，其目标在于小组成员的交互影响，他们共同活动并分享情感。这一模式强调人与人之间的交互反应关系，强调个人必须从群体生活中学习。该模式与前述两大模式所不同的是，它所关注的既非社会目标，也不是个人，而是互动、互助的过程本身，小组成员依靠其他成员作为自己解决问题的资源。

在这一模式中，小组工作者是受助者与小组或小组与机构间的协调人。他不设计方案，不是控制小组的先知；他不是要为成员做什么，而是与成员一起做。他的作用在于促进小组成员的互动及为小组寻求外部资源。小组的形成与维持由小组成员的互动结果而定，成员分享对小组的责任。

四、小组工作的基本过程

小组工作的开展是小组随着一个有脉络的、可遵循的方向、速度推移的过程。一般来讲,小组工作过程一般可以划分为小组计划阶段、开始阶段、中间阶段和结束阶段。

(一)计划阶段

这是小组前的准备阶段,其主要工作是酝酿成立小组、设计目标、招收和选择组员。这个阶段被哈佛德称之为小组前期,且将其分为私下期(Private aspects)和公开期(Public aspects)。小组前的私下期是指小组工作者未将小组组成的信息公开,也就是小组成员都是未知的阶段。此阶段小组仅存在于小组发起者的心中。工作者一方面需要尝试设定小组目标,以便得到机构的认可;另一方面需要对开设小组的具体事项做出安排,如人选、时间、方案等。

当这些私下的构思逐渐成熟之后,工作者将予以公开,小组进入公开期。与此同时,小组工作开始接受可能成为小组成员的咨询,此时也是相互沟通的好机会。工作者通过会谈来决定成员的资格,决定成员的能力,并通过会谈解释小组的目的。所以说,此阶段是工作者与小组成员建立初步关系的好机会。

(二)开始阶段

开始阶段包括小组最初的几次活动。从第一次小组聚会开始,小组成员会开始进入新的情境。通常在开始时,小组成员还不能投入到小组过程中,每个成员总是试探性的表现,小组中充斥着不满和紧张。本阶段是带领小组的困难时期,工作者需要处理很多内容。首次会面尤其重要,更包含了许多内容。例如,让组员相互认识,简述小组内容,澄清小组工作者的角色,发展安全与支持的小组文化,帮助成员为自己和小组发展制订一个实验性的计划，澄清机构和成员间的期望，建立小组的基本守则，鼓励组员对于小组的有效与否提供诚实的反馈意见等。

此阶段，工作者要尽量营造一种和谐的气氛，了解组员的情况，表现出对每一个组员的接纳和友好。

（三）中间阶段

此阶段，小组的规范和结构开始形成，小组的角色开始分化，小组形成公认的目标。此阶段工作者协助成员达成小组目的，大致要处理准备小组聚会、为小组过程提供内容架构、使成员参与并增强能力、协助成员达到目标、处理非自愿与对抗行为、监督与评估小组活动的进行等六个方面的工作。

准备小组聚会极为重要。其中，活动策划最为关键。设计与小组目标有关的小组活动并非是一件容易的事情。在小组过程经常组织的活动有游戏、音乐、舞蹈、戏剧、角色扮演、讲故事等。每一次小组活动都是有计划的，将会围绕着某一主题开展相应的活动。

一般而言，工作者会预先计划各个部分的先后次序以及每一部分所用的时间。在该阶段中，工作者要注重如何有效地促进组员间的活动、分享，协助组员达到其目标。处理小组过程中的抗拒、冲突，对工作者来讲无疑是一项很大的挑战，也是其专业能力的体现。监督与评估是本阶段的关键任务。工作者在每次小组聚会结束之前，应搜集成员对小组内容的意见，以此来不断修正小组过程和维持小组的有效性。

（四）结束阶段

小组后期是小组的结束阶段。在结束阶段，组员彼此间会互相接纳并建立正常的工作关系。大部分组员的需要得到了相当的满足，问题得到解决，自我认识和自我接纳得到增强。与此同时，小组成员在一定程度上可能会出现愤怒、哀伤、失落、担忧、依依不舍、紧张和压抑等负面情绪反应，并可能由此衍生出不同的行为表现，如不承认小组终结，投入程度降低，行为倒退、愤怒或责怪自己等。工作者要做好小组结束的有关安排并注意处理这些离别情绪。

处理方法有工作者申明小组结束的时间，适时提醒成员做好分离的准备，并进行回顾与评估工作等。同时，工作者应注意引导组员充分表达结束前的感受，通过赠送小纪念品、小组聚餐等活动来淡化结束时的情绪。另外，在小组工作结束后，工作者应该把每次聚会记录整理成小组总结记录，并全面地总结工作过程中的经验教训；条件允许时，还可以适当跟踪部分小组成员，以便考察评估小组工作对于个人的影响程度。

五、小组工作的技术

作为一种专业的社会工作方法，小组工作在具体实施的过程中需要社会工作者掌握一定的专业技巧，社会工作者组织小组活动的技术包括以下几个。

（一）建立良好专业关系的技术

工作者必须和小组成员建立良好的专业关系，能获得小组成员的接纳，以便其以专业态度与小组成员接触。工作者还应协助小组中每一成员接纳其他成员，同时工作者也要像普通成员一样，对小组的每一件事都要表示关心和参与。

（二）分析小组情况的技术

社会工作者要认真分析小组的情况，必须对该小组的发展情形有相当的研究，以决定该小组应有的发展秩序和方向。工作者必须从专业的观点来观察小组的动向，要善于体会各个成员的反应和整个小组的交互反应所表现的意向。

（三）参与小组活动过程的技术

社会工作者参与小组活动要注意调整自己的身份和心态，不能以高高在上的工作者的身份出现。其要以小组普通成员的身份和较平和的心态来参与小组成员的活动，同小组成员打成一片。同时，要注意按照既定程序办事，模范地遵守小组规则。

（四）处理小组成员感受的技术

社会工作者要通过各种渠道了解小组成员之间以及成员对小组工作的反应，并根据小组成员的不同反馈信息及时调整关系，改进工作。而且，对于成员反映出来的问题，应当及时、公开、公正地予以解决。

（五）运用机构与社区资源的技术

从事社会小组工作必须树立社区参与和支持的思想，工作者应确切地了解和掌握社区内的人力、物力和财力资源，详细分析开展工作的各种有利和不利条件，指定小组工作进行的切实可行的程序，选择恰当的工作方法，以达到小组工作的目标。

（六）领导与管理小组的技术

社会工作者在领导与管理小组的过程中，要注意理论与实际相结合，注重小组工作的调查研究，坚持具体问题具体分析。同时，也要注意小组领导者与小组成员的相互结合；面临各种工作要善于抓住重点，既要突出重点，又要照顾一般，主次配合协调一致。在小组的具体管理工作中可以采用小组行政方法、小组经济方法、小组规章制度方法和宣传教育方法相结合的方式。

（七）小组会议的技术

社会工作者在进行小组工作时经常要使用到小组会议与讨论这种工具，要开好小组会议，小组工作者要熟练地掌握运用小组会议的技术。首先工作者要做好会议的安排，为会议提供恰当的物质条件、合适的会议议程、会议要讨论的问题以及必要的文献资料。工作者还要选择恰当的会议方式，如演讲式讨论会、自由讨论会、陪席式讨论会、对话和圆桌会议等。在会议的进行中，小组工作者要有效地控制会议进程，引导与会者积极地参与讨论。

第三节　社区工作

社区工作是继个案工作、小组工作之后的第三种社会工作方法。它以独特的价值观和行为守则为基础，由特定对象、手法、目标等要素组成。

一、社区工作的定义和要素

（一）社区工作的定义

社区工作以社区为载体。“社区”一词最早由德国人腾尼斯提出，在他看来，社区是有共同价值观的同质人口组成的关系亲密、富有人情味的社会关系和社会团体；人们加入该团体并非是有目的选择之结果，而是在社会生活中自然形成。全美社会工作者协会的《社会工作百科全书》认为，社区有两个角度（Martinez Brawley）：一是结构视角，根据空间、要素和作为国家实体的政治身份，社区是个人与国家间的中介结构，常被看为政治实体，并被组成省、市、镇和邻里；二是社会心理视角，强调意义、身份、联系和归属感等。

社区其实是一个整合概念。首先，社区有地理社区和功能社区两种，前者是一定区域内共同生活的有组织的人群（如农村），后者是由共同目标和共同利害关系的人组成的社会团体（如学生）。当然，某些杜区兼具功能和地理特性（如科学园区）。其次，社区体现为外在结构和内在意识的整合体，前者表现为由规模、大小等硬性要素组成的结构，后者则体现为意义、身份、联系和归属感等软性元素。因此，社区是上述两个维度的统一体，其要素包括：一定规模的人群、一定联系方式、独特文化和生活方式、相似经历、认同感和归属感，非国家、非市场和非家庭是其重要特征。

社区工作是一个缤纷复杂的概念。英国的鲍多克认为，社区工作是受薪工作人员从事的工作，以协助居民认识所面对的问题与机会，由居民共同做出实际决定，采取集体行动解决问题。居民在决定付诸行动时，社区工作者也予以支持，以培养居民能力和自我独立。香港社会福利署认为，社区发展的整体目标是促进社会关系，在社区内培养自我依赖、社会责任和社会凝聚的精神，并鼓励民众参与解决社区问题和改善社区生活。《中国社会工作百科全书》认为，社区工作是以一定社区居民为对象，帮助社区居民认识社区存在的社会问题，动员调配社区资源，解决社区的社会问题，以改善社区成员的生活质量。可见，基于不同视角可提炼相应的社区工作定义。

在这里，本书认为，社区工作是以社区及其成员整体为对象的社会工作介入手法。它通过组织成员有计划参与集体行动，解决社区问题、满足社区需要。

(二)社区工作的要素

社区工作的服务对象是社区之部分或整体。地理社区和功能社区都可成为其对象。社区又包含外在结构和内在意识，因此硬性要素（如社区地理）和软性元素（如归属感）都可成为社区工作的切入口。

社区工作的目标是社区工作的又一个重要因素。社区工作有多层目标。本书认为，社区工作的目标之一是帮助服务对象，目标之二是强化服务机构和社会工作者自身。具体项目则可实现一个或多个目标。

社区工作的手法至少有三个特性。由于对象规模超过个案工作和小组工作，社区工作主要依托功能论、冲突论等宏观基础理论及社区分析、机构分析、策划等宏观实务理论，从而采用不同手法。

社区工作还涉及工作主体、价值和伦理等要素，由于社区工作之存在主要在于其方法特性，本书对主体特性就不作说明，价值和伦理接下来会有专门的讲述。

二、社区工作的价值观和行为守则

社区工作既要遵循社会工作的价值观和行为守则，也应根据自身特性恪守相应的价值观和行为守则。

（一）社区工作的价值观

社区工作的价值观是社会工作价值观和社区工作方法的整合结果，体现在对“人”“与他人的关系”“社会”和“工作手法”等方面的看法上。

关于“人”，社区工作认为，人都有尊严和价值，人都有发展潜力，人都希望改变也能改变，社区成员能发挥出处理社区问题的能力。

关于“与他人的关系”，社区工作认为，人除对自己负责外也要想到其他人；人人需要归属，需要互助成群；人具有社区责任感，会鼓励并协助他人自我实现；社区成员会互相关怀和互相照顾。

关于“社会”，社区工作认为，个人与社会相互依赖；社会必须提供公平机会，让每个人发挥潜能，通过参与来尽社会责任，充实精神和物质生活；社会应提供资源和服务以满足个人需求；社会应尽力为成员提供最大福利。

关于“工作手法”，社区工作认为，制度取向解决问题更具效率；社区自发的改变更有意义和持久性；社区民众应合作参与社区事件；社区民众需要协助进行组织；借助他人的专业知识和技能，利于每个人都能行使自己意愿的目标，推动个人和社会的进步;以综合方式能成功解决问题,而以片断方式则不然。

社区工作价值观时有冲突,其价值困境体现在以下五方面。

(1)成员参与中个人主义与社区精神的冲突;实务工作者是让个别成员自主地积极参与还是投入精力激励成员集体参与?

(2)双方互动中,有可能存在社区成员的民主参与和实务工作者的强势领导之间的不和谐。

(3)工作手法中,可能出现自助发展和依靠外援何者为主的困境。

(4)实务工作者是按照资助者或官僚的思路工作,还是针对社区成员的需要应用专业技能,保持实务的自主性?

(5)社区发展可能与国家发展产生矛盾,是注重部分利益还是保护整体利益?

社区工作需要实务工作者领悟社会工作和社区工作的价值观,在具体场景中采用恰当手法应对价值困境。

(二)社区工作的行为守则

社区工作的行为守则是价值观的操作化。具体来看,社区工作的行为守则体现在以下几个方面。

(1)注重以人为中心的发展目标。要认识到人的发展比物质发展更重要,社区发展应以社区的共同需要和根本需要为主,社区服务方案应包括含有情感内容的活动。

(2)根据具体情况策划工作步骤。要有完整的、多方面的多种专门性计划;建立多目标的计划,促使社区各方面配合行动,以利全面和均衡地进行发展。

(3)强调成员的自助参与。社区成员最清楚社区的问题和需要,自助参与会使他们感受到自己的价值和能力,而他们应该对社区承担责任。因此,要组织社区成员,将社区事务交他们承担。社区各种计划的拟定和执行均有社区成员参加;注重发掘、运用和训练各利益团体都能接纳的社区领导人才。

(4)充分开展组织工作。充分考虑民间组织的不可或缺性;

组织居民采取共同行动;动员社区内部资源以实现社区自助,争取外援但又不完全依赖外援。

(5)注重社区参与的广泛性及包容性,让不同阶层和团体的人士都有机会参与社区事务。

(6)注重协调发展。要有普遍接受的目标与工作方法,工作步调应与社区发展水平协调一致,社区组织内部和社区组织与社区之间应进行主动有效的沟通,社区发展应与地方、国家计划协调,社区的物质与精神、经济与社会应协调发展。

(7)尊重社区自决。不可强迫社区成员接受工作者的意见,而由成员选择和决定改变的方式和行动。工作者在此过程中协助他们界定需要,指出解决问题手法,一起讨论和交换意见。

(8)采取民主和理性的行动方式。在制定目标和策划行动时,不受利益集团控制,社区成员参与决策,并依据一些共同制定的规则运营;悉心培养他们的民主和理性的精神,实践民主作风和处事态度,拥有民主的组织方式和治理原则。

(9)注意预防性工作。对社区的局势和发展有科学判断,努力在事件发生前就做好预防工作,以减少工作成本。

在推进实务过程中,社区工作者必须在领悟社区工作价值观和把握其行为原则的基础上,充分根据不同社区的具体情况和时代特点,发挥多元角色,体现实践智慧,努力保证社区工作的成功。

三、社区工作的模式

社区工作模式是实务的总结。社区工作的模式众多,这些模式可归为策略模式和过程模式两大范畴。前者是技巧的组合,后者是不同阶段的技术。随着社区工作发展,策略模式越来越多,也更符合我国的社区工作实践。近年来,更受关注的是地区发展、社会策划、社区照顾和社区教育这几种策略模式。

(一)地区发展

地区发展是罗夫曼提出的社区工作三种模式之一。地区发展就是发动社区内不同人士和团体广泛参与,通过参与过程使他们达到自助和互助的目标,改善社区关系,增加社区归属感。

本模式是由多要素组成的系统,以传统和静态的地理社区为对象。在这一模式中,居民参与社区事务的责任不足,社区内部缺乏互动和沟通,民主解决问题的能力也不足。但是,不同部分存在共同利益或可调和利益。本模式旨在解决问题和满足需要,促使居民自助,加强沟通合作、社区参与度和社区归属感,促进社区整合。本模式以权力机构为合作者,借助任务导向小组进行相互沟通、群体讨论,从而形成共识。社会工作者是协调者、老师以及社区领袖的开发培养者,居民是服务对象和活动的积极参与者。

改善居民之间冷漠的邻里关系等就可以采用地区发展模式。中国社会有着和谐共识的传统文化基础,注重乡土意识和邻里互助,又加上中华人民共和国政府高度重视居民自治的基层民主建设,这些都是适合地区发展模式的有利条件。

地区发展模式的运用有一定效果,但也应注意一些问题。本模式只能涉及较小的问题,对由体制导致的问题无能为力;强调依靠内部资源和居民参与,但这并不能彻底解决问题;假设不同团体存在共同利益,但是这些利益在工作中会发生变化。因此,社区工作者只有根据具体情况,灵活应变,才可能真正取得成效。

(二)社会策划

社会策划是诸多工作模式的共同组成部分。社会策划就是针对具体社会问题,根据相关信息制订工作项目,并将社会目标转化为实务手段的过程。

社会策划模式以整体或部分地理和功能社区为对象,对社区存在着实际社会问题,或可调和或有冲突的各方利益进行调节、整合。本模式认为，专家和策划者的信息最丰富，策划者能根据所搜集的事实和各类组织的利益，进行理性决策，解决问题。策划者需要搜集资料，进行决策并执行项目。社区工作者是资料搜集者、分析员、项目执行者和催化者，社区成员是服务的消费者和接受者。

灾后自救就可采用社会策划模式，对象是整个受灾区域。受灾后，不少居民流离失所，家破人亡，对灾情和态势又缺乏了解。同时，基层组织也遭到破坏。因此，生活保障是共同利益。社区工作者可通过多种方式了解灾后群众的现状、面临的问题等，制订针对性的解决方案，并创造条件去执行，从而解决其问题，让其逐步度过困境，促使生活基本恢复。

社会策划作为自上而下的工作模式可获得一定效果。然而，依赖过去和现在的资料制订的计划可能不完全适用于未来场景，理性计划因受利益团体的影响而很难价值中立。因此，社区工作者可以分步决策，以应对过程中的问题，保证计划目标的实现。

（三）社区照顾

社区照顾始于 20 世纪 50 年代的英国。社区照顾可体现为“在社区内照顾”(care in the community)、“被社区照顾”(care by the community)和“为社区照顾”(care for the community)三方面含义，就是动员并连接正式和非正式的社区资源，协助社区内有需要者，让他们能与其他人一样居住在家里和生活在社区里，并得到适当照顾，以便社区成员之间休戚与共、相互扶持。

社区照顾模式的工作对象是弱势人士。本模式认为，个人自助、家庭支持、机构照顾、市场服务和政府介入都存在不足，而社区照顾则有利于建立输送体系，满足差异化需要，提升居民自治能力和强化社区意识。本模式旨在使弱势人士能生活在社区内或被社区人士服务。为此，工作者可采用资源调动、社区联络、倡议、训练等宏观技巧和个案介入、网络服务等微观技术，并体现多元角色。工作对象基本上是服务消费者。

长期病患者的个案管理就可运用社区照顾模式。由于长期生病，患者情绪一般比较低落，家人也需外出谋生。工作者可以组织护理人员、病人及其家人共同对患者进行全面评价，发现其问题和需要，进行整合性工作。针对经济紧张情况，通过媒体宣传其困境，呼吁政府出台相关保障计划；针对疾病状况，由社区医生定期家访和治疗；针对个人生活，联络义工进行居家护理；针对情绪状况，可以制订专门计划进行个案辅导。

社区照顾作为新模式有不少优势，但也要社区工作者注重正式资源的建设，关注非正式资源的品质，兼顾政策和执行，并注意服务团队和服务手法的双重整合。

（四）社区教育

社区教育发源于欧洲。社区教育是有关机构或主体针对社区成员的需要和社区发展的需要，组织协调社区内外资源，采用灵活多样方法传授相关内容，以达成工作目标的活动。

本模式相信个人有能力不断学习并改善自己的生活，对象是社区成员，目标在于塑造有知识和能力的社区成员，加强其对服务机构及内容的认可度，通过认清社区问题和满足社区需要促进社区发展。本模式可借助家庭式、课堂式、社区活动式三种手法，进行补偿教育、控制教育和解放教育，前者弥补知识空白，中者教导行为规范的知识，后者激发个人潜能。社区工作者承担研究者、倡导者、组织者、联络者、策划者、教师等多种角色；社区居民则具有决策者、消费者等多重身份。

建设学习化社区就需要进行社区教育。学习化社区以社区成员为对象，相信他们需要自我实现，有能力通过学习不断完善自己。本模型通过激励各类机构参与，推动教育网络的建设，通过全员教育、全程教育、全方位教育，协助社区成员学习生活知识、内化行为规范、掌握职业技能和确立时代观念，帮助成员自觉学习、自主学习和终身学习。

在实际的社区工作过程中，单一模式的应用可能并不能满足实践需要。所以,社区实务工作者要想从容应对社区问题和需要,还应当注重模式组合。此外,社区工作模式来自实践又指导实践,并会不断变化。社区工作中,实务工作者应该在领悟诸多模式的基础上,充分考虑本土特色,进行外来与本土的整合,发挥社区工作者的专业智慧。

第四节 社会工作行政

社会工作行政是社会工作理论与实务中不可或缺的系统,并成为宏观社会工作的有机部分。

一、社会工作行政的含义

社会工作行政是社会服务机构的行政人员,在专业价值观和专业理论的指导下,有效整合利用社会资源,通过社会服务机构内部实施的计划、组织、执行与管理、评估等,实现机构高效运转、输出社会服务的过程。这其实是一种间接的社会工作。其中,社会服务机构负责根据社会福利的政策、立法或决策,按照一定程序将之转化为实务。作为一个由诸多策略合成的过程,社会工作行政旨在保证政策对象的福利权利,发挥社会福利的功能。

二、社会工作行政的特征

(一)价值导向性

社会工作行政涉及不同层次的行政决策与执行主体、不同类型的服务对象,他们对社会福利权利与照顾责任的价值判断与理解,将直接影响服务与照顾关系的建立,对服务目标的确立和服务资源的获取产生直接的影响。

（二）目标、策略的不确定性

社会工作行政的服务目标与策略的界定因人因事而定，具有模糊性和不确定性，要根据服务对象需求、资源状况等因素综合考量。

（三）介入过程的持续动态性

（1）社会工作行政中涉及的政策与服务过程是一种持续性的动态过程。

（2）社会工作行政中涉及的不同层次的政府与社会服务组织处在一个不断发展的过程。

（3）社会工作行政所涉及的服务与照顾，既是关系，也是过程。

（4）服务提供者与服务使用者对服务与照顾内涵的认知、表达、评估是一个不断寻求彼此平衡与维持自我主体性的过程。

（四）资源运用的协调性、合作性和依赖性

社会工作行政强调资源在运用与取得上，必须有赖于各种协调、合作策略及技术的运用，才能顺利取得资源、发掘资源、运用资源，实现社会工作行政目标。社会工作行政目标的达成有赖于通过组织、国家行政管理的概念，有效运用内外资源。

（五）领导与管理者素质的综合性

社会工作行政领导者与管理人员的综合素质，会影响到组织气氛的形成及组织资源的获得，进而影响组织目标的实现。他们要具备行政者应有的领导力、人格魅力以及社会工作管理与服务知识，他们应是思想者、行动者、团队领导者。

三、社会工作行政的功能

（一）将社会政策变为社会服务行动

社会政策是国家或机构依据其占支配地位的价值观念解决

社会问题、增进成员福利的基本原则。这些原则要变为实际的福利活动，并让有需要的成员真正受惠，就需要一种转换机制，这就是社会工作行政。

(1)社会工作行政在将社会政策转变为具体服务的过程中要将宏观政策具体化，因而具有解释政策的功能。

(2)社会工作行政要为社会政策的执行和落实制订行动方案，方案包括确定具体执行该社会政策的责任者、他们所拥有的权力和资源、落实政策的社会动员系统和方法、确定政策落实情况和评估标准等。通过一系列的操作，社会政策变为提供服务者的具体行动，其中社会工作行政发挥着重要的规划功能。

(二)合理运用资源，促进有效服务

社会工作行政不但在宏观层面上策划社会服务，而且在具体服务的层面上对其进行统筹和管理，即具体地配置各种资源，形成社会服务的能力；建构良好的环境来支持社会服务的提供；监督社会服务的进程，并对其进行评估来提高服务效率。

(三)总结社会政策的执行经验，提出修订建议

一个良好的社会政策至少要同时满足两个基本要求：(1)符合社会福利的价值，有助于社会公平和社会进步；(2)能够被贯彻落实。

四、社会工作行政的一般程序

(一)组织分析

组织分析包含组织外部环境和内部机制分析。

组织外部环境分析。包括：①识别和评估组织和服务对象的关系；②识别与评估组织和其他组织的关系；③识别并评估组织与收入来源的关系。

组织内部机制分析。包括:①识别法人权限和使命;②了解组织结构和管理风格;③评估工作和服务;④评估人事政策、实施办法和实施情况;⑤评估技术资源和系统的效用等。

(二)方案策划

方案策划是针对组织或机构中的具体服务项目和活动,为实现一系列预先设定的目的与目标,事先安排好若干可能的工作计划,并提出恰当的活动安排。

效率与成效应成为社会服务方案策划中的重要评估指标。效率是指输入与输出的比率,即相对于方案的各项成本,所提供的服务有多少。成效是指服务对象达成各种成果的情境,也就是接受服务后生活品质的改善状况。

(三)人力组织

人力组织是由人事部署、工作分工和制度制定组成的系统,是落实工作方案、实现工作成效的体制准备。人事的部署就是约聘、任用、训练、奖赏不同层面的工作人员。社会工作者应该在职场人际协调、专业呈现和发展两个方面,都具备较高的综合素质。

(四)效能发挥与资金运作

效能发挥就是指借助领导艺术,在内部进行沟通协调、督导和激励,并与外部的政府、机构、媒体等进行良好联络。其目标在于实现高效服务,保障服务对象的福利。

资金运作涉及经费募集、预算、会计和审计等方面。

(五)评估总结

评估总结是梳理过去经验、改善工作质量、提升机构和部门能量的关键步骤,有利于加强政府、机构与民众之间的沟通,促进福利体制的完善。评估主体包括资金提供方、机构行政人员、服务对象、主管部门或专家,评估类型包括行政评估、项目评估、方案评估三大类型。

(1)行政评估就是针对组织目标、立法授权、经费来源、行政结构、人员资格、服务对象、工作适当性等进行研究。

(2)项目评估要进行本体评估,即评价项目的投入、活动、产出、结果和成效,发现结果的质量和效率,反思项目过程及其不足的原因。

(3)方案评估的任务在于提供足够的资讯来协助人们审查方案的优点或价值。

第五章　老年社会工作

社会工作作为一种助人自助的专业，具有解决社会问题的功能。开展老年社会工作，对缓解与解决目前日趋严重的老年问题具有重要作用。本章即对老年社会工作的相关内容进行简要阐述。

第一节　我国老龄化的现状及老龄化后存在的社会问题

一、人口老龄化的含义

联合国教科文组织规定，一个国家或一个地区的 60 岁以上的人口占该国家或地区人口总数的 10%或以上，或一个国家或一个地区的 65 岁以上的人口占该国家或地区人口总数的 7%或以上，那么该国家或地区就进入了老龄化社会。老龄化社会的到来是社会发展的必然趋势。

二、我国老龄化的基本现状

20 世纪 90 年代以来，随着计划生育政策的不断落实，我国人口出生率持续降低，全国人口出生率下降到 14‰以下。同时，改革开放后，我国经济迅速发展，人民的生活水平有了极大的提高。医疗卫生事业的发展，使老年人的健康水平普遍提高，人均寿命达到 70 岁，与发达国家持平。人均寿命的不断提高使人口的死亡率持续下降，老年人的绝对数和相对比例均在增加。2010 年的第六次人口普查结果显示，在大陆 31 个省、自治区、直辖市和现役军人的人口中，0～14 岁人口为 222 459 737 人，占 16.60%；15～59 岁人口为 939 616 410 人，占 70.14%；60 岁及以上人口为 177 648 705 人，占 13.26%，其中 65 岁及以上人口为 118 831 709 人，占 8.87%。同 2000 年第五次全国人口普查相比，0～14 岁人口的比重下降 6.29 个百分点，15～59 岁人口的比重上升 3.36 个百分点，60 岁及以上人口的比重上升 2.93 个百分点，65 岁及以上人口的比重上升 1.91 个百分点。根据联合国的标准，我国人口的年龄结构已由成年型人口转向老年型人口，进入了老龄化社会。

据专家预测，到 2020 年，中国 60 岁及 65 岁以上人口比重分别为 16.23%和 11.30%，2030 年为 22.34%和 15.21%，2040 年为 25%和 20%。由此可见，2030 年时中国将进入“超老年型”社会。到 2050 年，60 岁以上的人口总数将达到 4 亿左右，占总人口的比重将超过 25%，届时，每 4 个中国人中间就有 1 个白发苍苍的老者，中国将成为高度老龄化的国家。

人口老龄化对社会经济和文化的发展产生一定的影响，这是不言而喻的。但是，从另一个方面也说明社会有较大的发展，人民生活水平迅速提高，医疗卫生条件有较大的改善和人的不断寿命延长。改革开放以来，我国社会和经济取得迅猛发展，人民生活普遍从贫困跨入小康，不少地区已经赶上西方经济发达国家的水平，所以，人口老龄化的速度加快是不足为奇的。从这方面来看，人口老龄化并不是一件坏事，而是社会进步的重要标志。只要我们有足够的认识，有充分的准备，就一定能够解决好人口老龄化的问题。

三、我国老龄化后存在的社会问题

现代社会总人口中老年人口比例的增大、家庭规模的缩小、人口流动的加剧、价值观念的变化等一系列因素，使老年人问题成为一个社会问题。具体来说，中国现实社会中的老年人问题主要有如下几方面。

（一）老年人的健康保障问题

老年人口对健康保障的需求大于其他年龄组的人口，而且，年龄越高，健康保障问题就越严重。一方面是由于生理机能的衰退引起疾病缠身，60％～70％的老年人患有慢性病。另一方面是由于高年龄组行动不方便，需要有一个方便快捷而服务良好的医疗机构。随着我国老龄化向高龄化发展，高龄老年人的医疗和护理的需求量也增大。但目前我国老年人总体的医疗保障水平是较低的，尤其是农村。老年人医疗保障问题较突出地集中在以下几方面。

第一，老年人看病难，主要原因是老年人经济困难、手续烦琐和行动不便、交通不便等。

第二，老年人的医疗服务措施不完善。

第三，农村合作医疗覆盖率偏低。

第四，医疗费用支出增大，近几年来医疗费用上涨 14％。公费医疗不能及时、足额报销。特别是近几年伴随着公费医疗制度的改革，老年人在医疗方面的负担越来越重，健康保障问题就更突出。

（二）老年人的经济保障问题

人口老龄化给社会带来的最终问题就是经济问题，经济水平是制约老年人生存和发展的决定因素。在城市，老年人的主要收入是退休金，但微薄的退休金并不能让老年人安享晚年。近几年，由于一些企业的改革、生产效益较差等原因，退休金不能按时发放或打折扣，在物价上涨，特别是在生病和发生意外时，老年人的经济困难就表现得更加突出。因此，老年人在生活上主要依靠子女的现象比较普遍。在农村，老年人的生活状况就更差，他们的经济来源主要依靠劳动收入，随着年龄的增加而体力衰退，收入越来越少，特别是在丧失劳动能力之后就等于失去了经济来源，完全依靠配偶或子女进行养老，生活水平相对较低。子女供养仍然是我国老年人目前主要的养老形式。我们国家是一个农业国，我们农村现在还基本没有开展养老保险，只有在东部沿海地区开始这方面的尝试，但是范围还比较小。

(三)老年人的家庭生活问题

老年人的家庭生活问题主要是指生活照料和精神慰藉两方面的内容。

1. 生活照料方面

老年人的生活自理能力会随年龄增长而不断降低，特别是在丧失生活自理能力后，老年人在生活的各方面都需要家庭成员帮助甚至代劳。但是，随着家庭日益小型化，子女人数减少且大部分有工作，照料护理老年人的时间减少，使老年人的照料护理水平降低。目前，社会服务还不可能实现高度社会化，家庭在老年人的生活照料方面仍发挥着重要作用。这样一方面，需要照顾老年人越来越多，时间越来越长；另一方面，能照顾老年人的人越来越少，老年人的照料护理质量受到严重影响。

2. 精神慰藉方面

家庭对于老年人来说，不仅是主要的物质生活保障场所，也是重要的精神支柱。老年人随着年龄的增大而社会交往活动减少，尤其是一些意外事件的来临，如丧偶、病重和家人的变异，亲朋好友的生离死别等，都会给老年人带来严重的心理损害。因此，老年人特别需要家庭的精神慰藉，但是现代年轻人成家后往往搬离老人，加上工作压力大，更是大大减少了与老年人交流的时间。老年人失去了交流情感的对象和宣泄情绪的渠道，因而情感需要难以满足，老年人心理难以平衡，容易产生老年性的心理疾病。

（四）老年人的生活质量问题

老年人生活质量受社会制度、生产力发展状况和国家政策所制约，老年人生活水平的提高要靠经济、社会、文化、科技等多面的发展来实现。但是，我国的人口老龄化先于社会经济的发展速度，在经济上的支持和准备不足，老年人总的生活质量水平不高。这主要表现在如下两方面。

1. 老年人的住房问题

衣、食、住、行是人的最基本生活需要，“住”对于老年人来说尤为重要。老年人随着年龄的增加，社会活动日益减少，而在家庭居室中的活动越来越多。目前，我国老年人中居住在乡村的比较多。老年人住在旧房子的多，新房子青年人住得多。许多老年人未与成年子女一起生活居住，缺少亲人的照顾。

2. 老年人的娱乐生活状况

我国的老年人的娱乐生活设施较少，影响了老年人的生活满足感。主要存在两个比较突出的问题。一是“电视病”日渐严重。随着电视的普及，看电视已成为老年人的最主要的娱乐活动。老年人长期坐在电视机前有损身心健康，也隔绝了与他人的交往。二是老年人的娱乐生活单一枯燥，这与目前我国的老年人活动场所不足、布局不尽合理有关。

（五）老年人的社会参与问题

老年人参与社会，是指老年人参与社会的政治、经济、文化等活动。老年人在退休后，随着其年龄的增长，体力渐衰，交往的圈子日益缩小，与社会逐渐脱离，这对老年人的身心发展都是不利的。所以，应该为老年人创造一定的条件和场所，鼓励老年人培养兴趣与爱好，学习知识、充实自己，积极参加社会活动，发挥余热，健康条件允许的老年人还可以再就业，实现自身价值，这既可以改善老年人的经济条件，也促进了老年人的社会交往，加强社会融合，缓解老龄化社会带来的矛盾，提高老年人的生活质量。

第二节　老年社会工作的目标与原则

老年社会工作是指受专业训练的社会工作者在专业的价值理念指导下，充分运用社会工作的理论和方法，帮助在生活中遭受各种困难的老人解决问题、摆脱困境和促进发展的专业服务活动。在当代中国老龄化现象严重的情况下，要想更好地应对老龄化的挑战，就必须重视老年社会工作。那么，老年社会工作的目标和原则是什么，本节将进行相应的阐述。

一、老年社会工作的目标

老年社会工作的目标总的来说就是帮助老年人解决生活中所遇到的困难和问题，充分发挥老年人的价值。老年人在生活中常遇到的问题可以分为生存问题、心理问题、经济问题和社会参与问题。老年社会工作就是要尽力协助老年人解决这四种问题，其中老年人的生存问题是首要问题，也就是说要首先保证老年人的身体健康，即老年人的吃穿住行问题。当然，老年人的心理问题也是值得社会关注的问题，尤其是现代社会中老年人容易成为心理上受冷落的群体，如果其情感需要难以满足，心理也就难以平衡，容易产生心理疾病；并且老年人心理问题难以得到解决也会影响到其身体的健康。老年人的生存问题和心理问题多是与老年人的经济问题相联系的，经济问题的解决也有助于其他问题的解决。此外，老年人的社会参与问题也非常值得重视。老年人的社会参与可以增进其自尊和自我价值的实现。社会参与问题与前三种问题也是密切相关的，一方面，生存问题、经济问题的解决可以促进老年人的社会参与；另一方面，社会参与也有利于心理问题的解决。应当指出的是，老年人所遇到的所有困难和问题都由老年社会工作来解决是不现实的，也是老年社会工作力所不能及的。很多问题需要整个社会的努力和通力合作才能够得到解决，并且有些问题如一些老年期的疾病等，在现在的社会中是难以得到有效解决的。

1965 年，美国老人法案对老年人的服务做出了明确的规定。这一法案及其修订案是联邦政府给予老人经济救助的基础和法律依据，它保证了以下十项目标的实现。

(1)适当的收入。

(2)尽可能拥有最佳的生理与心理状况。

(3)舒适的住宅。

(4)为那些需要机构照顾者提供服务。

(5)工作的机会。

(6)健康与受尊敬的退休生活。

(7)追求有意义的活动。

(8)有效的社区服务。

(9)运用研究的知识去维持或增进老人的健康与幸福并获得立即可得的福利。

(10)使老人能自由、自主地规划与安排自己的生活。①

上述这十项目标可以保证老年人享有舒适的晚年生活，但尚未完全落实。

在这里，我们认为老年社会工作的目标主要包括以下几项：

第一，帮助老人获得所需资源，争取老人所拥有的权益。老年人由于身体状况或者知识的限制等原因，有时候并不能通过自己的力量获得所需要的资源，因此社会工作者就应当帮助这些老年人通过一定的程序获得所需资源。老年人大都身患多种慢性疾病，因此医疗对于他们来说是一项重要的需求，在难以得到满足时，需要社会工作者通过多种途径协助老年人获得医疗救助。

---

① [美]Charles Zastrow. 社会福利与社会工作[M]张英阵，等译．台北：洪叶文化事业有限公司，1998:398.

同时,在老年人本身所具有的权益不能得到实现时,也需要老年社会工作的协助,以争取老年人的权益得到保障。

第二,帮助老人增强其能力,以克服生活中的困难,解决所面临的问题。老年社会工作的实施必须以正向积极的态度来对待老年人内在的价值和意义,社会工作者应了解老化的意义,避免对老人的刻板印象,正确地看待老年人的自身价值。老年社会工作应该区分不同类型的老年人,以明确其各自的需求,从而有效地协助老年人克服困难。

第三,为老人及其家属提供咨询,帮助老人了解和接受老年期的生活。有时候,老年人自身会对老年期的一些问题产生困惑,以至产生情绪低落以及对死亡的恐惧等心理。社会工作者可以通过专业知识帮助老人解除困惑,消除不良心理的影响。而且,老人问题的产生多与家庭的照顾能力、责任承担及沟通等因素有很密切的关系。社会工作者可以通过向老年人家属提供咨询,以帮助老年人家庭成员增强照顾老人的能力及了解老人的真正需求,有助于老人与其家庭的融洽共处。

第四,协助老人积极参与社区活动,促进老人与他人互动,使老人晚年生活更为充实。人到了老年阶段,往往面临着退休和丧偶的双重困境,老人的身边会失去一直陪伴自己的老伴以及以往常见面的老朋友,而子孙又不能时时在身边,这就使得老人常感到孤寂无助,从而需要社会服务或再社会化。而通过促使不同年龄的老年人进行一些社会互动和交流,不仅有助于老人的身体健康,而且也给予老人再社会化的机会,使其对一种新的生活方式和环境有更好的适应。比如打太极拳、办老年舞会以及老年棋类竞赛等活动,不仅能使老人在这些活动中锻炼身体,而且能增进老人之间的交流,有效地消除老人日常的寂寞,更有助于满足老人精神上的需求。

第五,影响有关老人的社会政策,改善老人的生活环境。社会工作者应注意社会中老人机构的各项服务是否办得妥当,对老人的服务不仅应注重数量,更要注重质量。老年社会工作可以从实务性的工作中获得一些有意义的结论，并在老人社会政策中反映出来，同时为相关的老年人社会政策的制定提供具有建设性的意见，从而促进老年人生活质量的提高。

二、老年社会工作的原则

（一）尊重不同老年人的需求

“个性化”是社会工作的一条基本原则，它指导社会工作者把案主作为一个“个人”和“系统”来看，而不是简单地把案主作为某一类性格的人来看。作为案主的老年人，由于其个性、生活水平、身体状况、兴趣爱好、经历、所处的家庭、所面临的压力以及行为方式各有差异，社会工作者在对老年人进行协助时也要具体问题具体对待。当然，老年人在身份地位以及知识修养上也是有差别的，社会工作者不能因此对一些老年人产生歧视，而应同等地尊重每一个老年案主。

（二）相信老年人能够改变

老年人并不是顽固不化的，只要社会工作者理解他们的需要，老年人就会愿意接受社会工作者的辅导。社会工作者应对老年人的老化过程有科学正确的了解，这样可以协助老年人改变不良的习惯或问题。在对老年人进行协助时，应体谅到他们的需要、处境和感受，而不是进行说教式的指导。

（三）耐心主动地与老年人进行有效的沟通

社会工作者对待老年人，尤其是情绪低落的老年案主，一定要耐心主动地与他们进行沟通。老年群体具有多种性格类型，如有些老年人性格内向，寡言少语，在情绪低落时更不愿回答社会工作者的提问；有些老年人对不熟悉的人会有较强的防备心理，不愿向自己不信任的人倾诉苦恼。社会工作者若明白了这一点，就会在与老年案主接触的初期，耐心并主动地对老年人表示关心，通过与老年人聊一些日常生活中的小事，让老年案主领会到社会工作者对他的关心。其实老年案主都是希望向帮助自己的社会工作者倾诉自己的苦恼的，关键是社会工作者要有耐心，从关心老年案主的健康开始，积极地同他们沟通，使老年人体会到社会工作者的真诚。

(四)尊重老年人的自决权利

虽然老年人在接受社会工作者的协助中，往往希望社会工作者能帮助他们拿一个主意，但老年人对于自己能够做出决定还是十分高兴的，这会使他们感到自信。而且，老年人是解决自身问题的主要角色，社会工作者只是起到协助的作用，问题的真正解决还是有赖于老年人自己，有时候老年人自己的某些想法经常是非常合适的。在老年社会工作中，社会工作者对于老年人的一些好的想法和做法要多加肯定，多加鼓励。

(五)建立相互信任的工作关系

社会工作者可以从老年案主最为关心的需要和问题入手，包括健康、住房及经济方面，首先解决较容易处理及可以改变的问题。在老年社会工作中，社会工作者对老年人最好采用同感的关心，而不是同情的怜惜，这样老年案主会把社会工作者看作知己，融洽、相互信任的工作关系也就自然而然形成了。能否与老年案主建立起相互信任的关系，这是老年社会工作能否得以进行下去的保证。社会工作者在协助老年案主时应不带有任何偏见，真心地去关心案主，了解他们的真实感受，并对他们的感受做出积极的回应，这样老年案主就不会感到孤单并从中得到安慰，社会工作者也能够与老年人建立相互信任的工作关系，营造良好的工作氛围。

(六)为老年人保守秘密

“保守秘密”常常是社会工作者在协助老年案主的过程中所

形成的心照不宣的相互信任的关系。在这种关系中，老年案主才可以放心地向社会工作者讲述自己真实的苦闷，向社会工作者讲述自己的一些真实的想法和感受，这些想法和感受有时候是直接关系到其他人的，是老年人埋在心里的话。老年人的一些话是因为对社会工作者的信任而讲的，有时候并不希望其他人知晓，那么社会工作者就要为老年人严守秘密。保守秘密对老年社会工作的顺利进行是非常重要的，因为老年人一旦觉察到社会工作者没有为自己保守秘密，就难免失望，会认为社会工作者的工作是随意的，不负责任的。这就会影响到老年社会工作的顺利进行。

当然，社会工作者往往难以做到绝对保密，因为大多数社会工作者并不是独自工作，而是在机构中与同事一起工作。在他们的工作过程中，也需要与其他同事就工作内容做一些必要的交流，而且许多工作内容需要写成书面报告。因此，在老年社会工作中，社会工作者的绝对保密是难以做到的，为老年人保守秘密经常是指尽力做到相对保密。

第三节　老年社会工作的内容

老年社会工作的内容主要包括以下几方面。

一、老年人照顾

老年人照顾是指对于因年事已高而在生活中存在困难的老年人所进行的照顾。老年人照顾可以分为家庭照顾、社区照顾和机构照顾三种形式。

(一)家庭照顾

家庭照顾是指将需要照顾的老年人留在家中或待在自己熟悉的环境中所得到的生活上的照顾，主要有以下几种形式。

1. 家庭寄养

为了使一些孤单老人可以享受家庭生活而不必被送到养老院,社会服务机构就会征募一些愿意收养老年人的家庭。英国对这些老年人寄养家庭,会每个星期都发给照顾老年人所需费用、津贴。

2. 家庭辅助及公共救济金

家庭辅助及公共救济金是指对于老年低收入户,政府每月发给家庭补助或是副食费及燃料费。比如在美国,对那些收入不足以维持最低生活程度的老年人给予随生活指数调整的补助金;英国也有补充年金和补充津贴,只要老年人的收入未达到保障标准,即可获得救助。在日本老年人所得(收入)维持方案中,公共救助占有重要地位。在我国,困难老人可通过最低生活保障制度获得救助,以保障基本生活。

3. 家庭助理服务

在许多国家如丹麦,依据其社会救助法案,由地方各级政府负责对老年人家庭提供家政服务,对于低收入户更是免费服务。在美国,也有针对那些需要照顾的老年人家庭所提供的家庭健康服务、饮食服务计划以及家事管理员服务等措施。

(二)社区照顾

社区照顾是按照"属地养老"的原则,在充分利用社区自身所有的资源和条件的前提下,使需要得到照顾的老人尽可能在社区内接受照顾。社区照顾建立在老年人自立、与社会保持接触和常态生活的基础上,其目的是帮助老年人体现出作为社区成员的角色,尽可能地让他们生活在一个"常态"的社会环境中。社区照顾就是要动员全社区的人力物力来帮助那些需要照顾的老年人,使其在社区中能够幸福地生活。社区照顾的服务项目包括以下几方面。

第一，解决老年人的住房安置。

第二，家庭之外的医疗卫生服务，从基本护理到技术性较强的专业护理，这些服务由不同行政机构的组织者提供。

第三，为促进老年人的全面健康而提供的专业咨询和情感援助。具体包括：社区日间活动中心、俱乐部、休闲及健身场所、接受继续教育、假日活动以及参加志愿者活动等。

（三）机构照顾

有些老年人因为没有自己的住处，或是因长期性疾病身体行动不便，从而需要他人或者医务人员的照顾。而机构照顾就是在一定的专门机构内为老年人提供护理、食宿、生活服务的照顾。进行老年人照顾的机构可以根据其收住对象和所提供服务的不同分为以下几种。

1. 疗养院

疗养院提供全天候的专业护理以及医疗服务。住在疗养院的费用会随着所提供医疗服务的专业性和密集性的不同而有所不同。欧美国家老人疗养院的设备都很完善，几乎每位老人都有其私人房间。

2. 安老院

安老院主要是针对那些没有亲属并且也没有了工作能力的老年人，所提供的服务主要是住宿与饮食，以及一些如协助穿衣等非医疗性的服务。

3. 身心障碍中心

这类机构主要针对具有身心障碍的老人，除了具有特别的医疗照顾外，还拥有一些医疗设备。在丹麦，每一个城市都设有残障中心，来帮助有此需要的老年人。服务的项目包括提供外科整形、假肢、绷带、特殊椅子、床垫、浴室设备、助听器和室内外的轮椅等。机构也可以帮助老年人申请用于购买和修复假肢的专项费用。

4. 日间照顾中心

有些老年人虽然住在家中，但由于自己家人忙于工作难以对老年人照顾周全，因此也需要通过一些机构获得服务。日间照顾中心就是针对这类老年人，在白天为老年人提供舒适、安定的环境以及情绪上的支持。老年人在这里可以享受到生活上、医疗上的帮助以及精神上的支持。

二、老年人心理和社会服务

老年人心理和社会服务的内容主要包括以下几方面。

(一)团体活动

促进老年人团体成员之间相互认识了解、改进老年人的不正确观念或态度、增加老年人生活知识等。

(二)个人的协助

减轻老年人生活压力、改善家庭关系或社会关系、提供老年人福利咨询、解决老年人各种困难等。

(三)社区交流

促进老年人与社区居民交流，参与社区中的各种活动，促使老年人形成积极的价值观与建立生存目标等。

(四)促进老人的人际关系

了解阻碍老年人人际关系的各种因素，如过敏或迟钝的性格、不卫生、不良习惯、好斗、喜欢争吵、不顾他人立场、不愿与他人互动,以及不主动与他人来往的消极思想和态度等。通过正式或非正式团体,推动老年人积极参与社会活动,改变不良习惯和原有的消极态度,做好老年生活安排,充实老年生活。

三、老年人教育服务

(一)老年大学

老年大学是指为全社会老年人设立的传授知识和技术的培训学校。通过老年大学的教学活动,不但能为老年人的晚年生活增加丰富的活动内容和生活情趣,更能使老年人获得许多保健的知识。中国已拥有1.7万多所老年大学和老年学校,初步形成了从城市到乡村、从课堂教学到远程教育的全国老年教育网络。在其他国家和地区也都有一些老年人再教育的推广形式,激发了老年人的求知兴趣,并普及了老年人的教育。

(二)图书馆、博物馆及艺术馆等

老年人退休后有较多的空闲,但有时因行动不便,无法自行充分利用许多公共设施。瑞典的图书馆就设置了专门职员来为老年人服务,调查其阅读的兴趣,老年人可以通过电话借书在家中阅读。至于博物馆和艺术馆等社教机构,除了对老年人予以优惠或免费外,还设立了供老年人休息的座椅。

此外,还有老年进修学院、针对老年人的专题讲座、老年人学习性俱乐部、关于退休前的教育等方面的服务。

四、老年人就业服务

退休后,许多老年人都有再就业的想法。虽然社会普遍重视的是年轻人的就业问题,但我们也不应忽视老年人就业的问题。老年人就业也是“老有所为”的体现,而且一些高学历、年龄相对较低、身体健康的老年人，尤其是老年科技人才具有丰富的实践经验，他们继续在各行业中发挥作用，对社会经济发展是十分有利的。因此老年就业服务是一项不可或缺的老年社会工作。在进行老年就业服务时，除了要考虑老年人的实际需要外，还需要兼顾老年人的特质，使老年人在新的工作中充分发挥自己的作用。

老年人退休服务包括退休者再雇用训练与辅导、退休制度的改进研究、老年人创业或老年人就业专案计划等。

五、老年社会工作的研究与教育

这是对老年人的间接服务，对老年社会工作理论和实践的研究可以促进老年服务得以更加科学地进行，并培养专业的社会工作者和发动更多的志愿者参与老年社会工作。这种间接服务的方式包括，高校中的相关教育和研究、其他部门的相关研究工作、关于老年服务的广播电视节目、报纸刊物以及网络的发展等。

第四节　老年社会工作的方法

老年社会工作的方法主要包括老年个案工作、老年小组工作和老年社区工作。

一、老年个案工作

(一)老年个案工作的概念

老年个案工作是指老年社会工作者运用社会工作的方法和技巧，针对每个老人的不同特征，为其提供个别化服务，促进其身心健康，使其能过上一种正常老年生活的工作过程。

(二)老年个案工作的基本原则

老年个案工作是为个别老年人提供服务的,因此老年个案工作要遵循它自身独特的原则。概括来说,这些原则主要包括以下几方面。

1. 尊敬与信任的原则

如果工作者们在观念上就对老人持排斥和歧视的态度,视他们为社会和家庭的负担,觉得他们老朽、昏庸、无能,只能消极地适应生活,那么就无法从根本上从事老年个案工作。只有从观念上接纳并尊敬老人,并相信他们有能力改变自己的生活而不是冥顽不化的工作者,才会有信心通过帮助改变老人的生存环境,提高他们的生活质量,使他们有一个幸福的晚年。

2. 自我选择的原则

提出解决问题的意见后,要让老年案主自我选择、自我决定。尽管在实际的辅导过程中,许多老人都会说"请你帮我拿个主意吧,我真不知该怎么办了",但每个老人对于自己能够做出决定都是十分高兴的,这能让他们感到自信和力量。因此,我们不仅要相信老年案主有能力做出决定,还应积极鼓励老年案主参与计划的制定与策略的选择。让案主参与决定的过程,能使案主在实施决定的过程中更具积极性。

3. 耐心倾听的原则

老年人有多种性格类型。有些老人性格内向,寡言少语,对不熟悉的人有较强的防备心理,又对年轻的工作人员不信任,他们常表现出懒得开口,对问题不以作答的态度。也有些老年人会表现出喋喋不休、自顾自地不停说话,压根不去关心听者对问题的回答。这两种情形,都要求工作人员要有耐心认真倾听案主的问题,不随意打断案主的说话的态度。如果工作人员表现出不耐烦和反感的情绪,会使良好关系的建立受损。对于沉默寡言的老人,在开始交谈时可先不要涉及案主存在的问题,而是聊一些与他有关的日常小事,让案主感到你对他真诚的关心,这样才能使辅导得以继续下去;而对于反复唠叨、说话啰唆的老人,我们可以在适当的时候告诉他“这事你已经提及过了,我已知道。”但语气要委婉,否则会使老年案主感到自己讨人厌。案主有时是依靠说一些无关紧要的话来掩饰自己的真实问题所在,工作人员要善于从他的叙述中抓住重要的事实,将会谈引导到辅导的目标上去,避免把会谈变为无目的的交谈。

4. 个别化的原则

许多国家的调查表明,人们总是很容易按照某种固定的类型和范畴去理解老年人,认为老人大多残弱、贫穷、孤寂、固执,但老年人实际的状况要比人们想象的好得多。尽管老年人随着年龄的增长生理会发生变化,但这些变化并不是千篇一律地按同一模式发生在每个老人身上。有些60岁的老人可能比30岁的年轻人在生理上更健康,在心理上更愿意接受新事物。一些老人健康、健谈且风趣幽默,欣然接受老之将至;一些老人则可能唠叨抱怨、心灰意冷。有的老人把生活安排得井然有序,有固定的目标,参加各类活动;有的老人则终日无所事事,愁闷着等待天黑。事实上每一个老人都是一个独特的个体,都有他们自身的个性和特点,我们切不可用某一固定的模式去理解他们的生活。

(三)老年个案工作的辅导方法

关于老年个案工作的辅导方法有很多,这里仅对目前国内外运用较多的两种方法进行简要阐述。

1. 怀旧

怀旧即是让老人回顾他们过往生活中最重要、最难忘的事件或时刻,从回顾中让老人重新体验快乐、成就、尊严等多种有利身心健康的情绪，帮助老人找回自尊和荣耀。这一方法被一再证明对调整老人心态十分有效。

当然，通过怀旧，老人也可能再次体验过往岁月中不愉快的事件。老人对不愉快事件的追述能在一定程度上缓解了他们的自责和内疚，减轻焦虑不安的感受。辅导者也应从旁疏导老人，让他们认识到，也许这是不得已而为的，过去的就让它过去。

2. 生命回顾

生命回顾是指通过缅怀过去一生成功和失败的经历，让老人重建完整的自我。鼓励老人将整个人生的经历尽可能详尽地倾诉出来，以达到内省的目的。生命回顾与怀旧不同的是，它是对老人整个人生的回顾，而不只是回顾生命中最重要的时刻和事件。因此，它更系统详细，也更能让老人面对自己的人生境遇，体味人生的价值和意义。生命回顾的方法已被成功地运用于治疗老年病，特别是那些患有抑郁症的老人。在当今世界上最流行的三种晚年精神病中，抑郁症的发病率最高。抑郁症的最典型症状之一，就是对生活失去兴趣并伴有轻生念头。通过生命回顾，许多老人减轻了自责内疚的焦虑心理，重塑自我，找回了生命的意义。生命回顾和抗抑郁药物的配合治疗，被临床证明对老年抑郁症疗效明显。

二、老年小组工作

（一）老年小组工作的概念

老年小组工作是指老年社会工作者利用小组的方式为老人提供服务，增加其参与社会活动的机会，通过老人在小组中的娱乐、交往和学习等活动排解老人生活中的寂寞，解除其生活中的疑虑，增加其生活情趣的工作过程。也就是说，老年小组工作是通过组织老人参加各种活动团体，提高老人活动水平，建立老人间的互助网络，以帮助他们摆脱孤独、寂寞并使其晚年生活更充满乐趣。

（二）老年小组工作的主要原则

老年小组工作的主要原则主要包括以下几方面。

1. 不强求的原则

工作人员虽然应尽可能调动所有老人参加团体活动的积极性，但对个别不愿意参加活动的老人，也应尊重他们的选择。

2. 照顾特殊的原则

工作人员一定要有耐心、细致、周到的工作态度，要尽可能考虑到每个老人的特殊需要。如果一个工作人员总是举着图片示意大家活动规则而不是传阅，必然会挫伤视力不好老人的自尊心。因为活动开始后很可能就他一人不懂规则，显得十分愚笨。

3. 不先入为主的原则

做老年团体工作，要善于观察，详细分析才做出结论，不要先入为主。不要先行假设有些老人喜欢参加团体活动，有些老人不爱参加团体活动。事实上绝大多数老人都有渴望被人关注、与人交往的愿望。

4. 组团适当的原则

团体成员的合适安排，是使老人能够继续参加活动并对团体活动感兴趣的重要因素。一般来说，宜将教育水平大致相当、身体活动能力无甚差别的老人组成一个团体。有些工作人员诉苦，花很大精力准备的团体活动，老人们不感兴趣，原因就在于工作人员对老人的生活背景缺乏了解。把那些年轻时曾热衷于体育活动的老人组成“体育迷”团体，让他们对体育评古论今，这一定会使他们情绪高昂；但若让他们讨论文学，他们就不一定会有兴致了。

(三)老年小组工作的技巧

1. 要有充分的准备

小组活动正式开始之前，工作员应该充分了解参加小组的老年人的需要、期望和兴趣，在充分的沟通前提下事先与老年组员建立初步的良好关系。尤其是第一次小组活动，工作人员事先必须要有周密地考虑，包括语言的运用，游戏类型的选择，让大家互相熟悉的方式，等等。第一次活动要使成员感到轻松自然、愉快开心、活泼有趣，也可让成员轮流自我介绍以增进成员之间的了解，也可通过寻找相同“属相”来促进成员间的互动。

2. 及时赞赏有能力的成员

工作人员要把握机会去赞赏成员的能力。如当他们成功地完成一个游戏或讨论时，便应立刻真诚地说出他们与众不同之处，通过赞赏去增加成员的自信心，从而使他们积极参与。那些赞赏应是真诚的鼓励，而不是夸大的奉承。同时，对于个别以自我为中心的成员，工作人员要加以引导、规范，甚至批评这些成员，使他们不至于影响团体工作的目标完成。但应注意不要责之过严，使老人感到沮丧。

3. 组织简单易学的活动

所组织的活动或游戏一定要简单易学，使老人一听一看就懂，还要使游戏具有趣味性。切记不要选用太抽象或太难的游戏或程序，如砌图游戏或一些过分考验体力及眼力的游戏。对于年迈的成员来说就应尽量避免，否则老人会因做不到而感到自己无能。工作人员应以缓慢、清晰、大声的语言来讲解规则，要确保每个成员都明白这些规则后再开始。

4. 要及时调整团体活动

在团体中期时，工作员要评核团体的发展及其所订立的目标，确认有哪些目标达到了，有哪些目标仍未做到，然后再考虑采用何种方法加速团体之发展。例如“快乐之家”的团体，在这个中期阶段，就应该能令成员感觉到“快乐”及“家”的成分。但是当成员时常缺席，或欢乐的气氛仍未常见时，工作员便应尽快找出原因，做出调整，以便使活动能开展下去。

5. 要赏罚分明

当成员讨论切题及符合团体活动程序的目标时，工作人员应鼓励成员继续讨论下去，并且帮助成员领略当中的意义。当讨论偏离主题时，例如某个老人滔滔不绝地说自己的话时，这一时刻工作人员应技巧地指出所说的有那些可以配合到团体宗旨，然后通过快速的总结，将说话的机会交给尚未发表意见的成员。通过这样直接式的指导，工作人员便可关注到各成员的表现。

6. 要有圆满的结局

工作人员要妥适地处理好小组最后结束老人临别的情绪问题，否则老年人会产生一种被遗弃的感觉。一个好的处理方式是，让老年组员在较早的阶段就知道结束的一天终将来临，使成员有足够的心理准备；然后，把最后一次活动安排成一次有意义的结束聚会，如茶会、旅行等，让全体老年组员共享小组完毕时的成长。当然，工作人员也可鼓励老年组员参与小组以外的活动，使他们能够从其他资源处满足需要。此外，工作人员还可以安排跟讲聚会。

7. 要关心老人对活动的感受

工作人员要关心每个成员对活动的感受，发现一些成员对活动反应冷淡时，就要适当调整活动程序，以避免冷场。要防止在团体内成员自发形成“小山头”，一经发现，工作人员就要巧妙地运用随机抽样的方法组织团体活动，自然令其拆散，以达到让所有成员互动的目的。

三、老年社区工作

（一）老年社区工作的概念

老年社区工作是指社会工作者运用各种工作方法来改善老人与社区的关系，提高老人的自助、互助能力，促进老人的社区参与，通过老人的集体参与来改善他们的生活质量的一种服务活动和服务过程。

（二）开展老年社区工作的意义

具体来说，开展老年社区工作有以下意义。

1. 有利于老人在熟悉的社区环境中生活

老年人长期在一定的社区中生活，那里有熟悉的环境，有亲朋好友、熟人和玩伴，加上人们年纪大了后都有恋旧心理，一般都不愿意离开熟悉的环境到陌生的地方生活。在社区中开展老年社会工作，为老人提供全方位的服务，能满足他们的恋旧心理，使他们的生活无后顾之忧。而熟悉的社区环境也能使他们保持原来的生活习惯，在亲朋好友和熟人的氛围中能使他们精神愉快地生活，这有利于老人的养生。

2. 有利于老人的家庭照料

随着工业化和城市化进程的发展，家庭规模逐步小型化；年轻一代追求现代形象，忙于学习和工作，无暇顾及家庭照料；青年人婚后多选择离开父母单独居住，以追求独立自主；越来越多的老年人观念变化，只要条件允许，也不愿与子女同住。以上诸多原因使现代家庭越来越难以完全承担照料老人(特别是身体有残疾或精神有障碍的老人)的责任。开展社区老年工作,如包户上门服务等,使老人不离开家庭也能得到很好的照料,既减轻了年轻人的负担,也使老人在家庭得到来自亲人的精神上的慰藉。

3. 有利于低收入老人的养老

社会工作永远应该面向那些需要救助且自身无力自我救助的人群。中国低收入阶层的老人在过去的岁月中为国家的经济发展做出了巨大的贡献,在他们年老且家庭成员缺乏足够资源帮助他们解决困难的时候,让他们在社区内得到免费和低费的社区照顾,是他们的权利,也是全体社会成员的义务。开展社区老年社会工作,能使那些无经济能力购买服务和进各类福利院、敬老院的老人,从他们生活的社区得到关怀和帮助,以便无忧无虑地度过自己的晚年,体现了社会的公平和人道主义精神。

4. 有利于充分利用社区内的闲置资源

我国现阶段的经济发展水平还不高,面对庞大的老年群体及迅速增长的高龄老年人口,一时难以拿出大量资金发展养老机构。而目前我国各城市社区中,都有不少刚从工作岗位上退休下来的低龄老人和下岗工人,他们是开展社区老年工作的重要资源。如在社区中办小吃店为老人开展送餐服务,办家政服务公司为老人上门提供家政和护理服务,低龄老人通过"时间储蓄"的方式照顾高龄老人等。利用社区的闲置资源开展老人服务工作,即可为社区老人提供必要的服务,又能为下岗工人提供合适的工作岗位。

(三)老年社区工作的内容

1. 老年包户服务

老年包户服务是目前各城市基层社区开展得最早、最广泛的老年人服务项目，也是发展比较完善的项目。被包户的老人除了社会孤老，还包括退休孤老和身边无子女以及生活上有各种困难的老年人。包户工作的一般做法是由街道办事处、社区服务中心或民政助理员，负责对全街包户工作的组织和检查，由居委会和参加服务的单位和个人签订包户协议，定服务人员、定服务项目、定服务时间、定服务要求，如粮店送粮、煤店送煤、菜场送菜、理发店派人到户理发、医院定期巡回体检、打针送药、学生搞环境卫生等。老人原所在单位也要逢年过节探望慰问，解决其某些生活难题并承担必要的责任。此外，居委会还广泛组织邻里包户，服务者为老人送药、送水、代购物品、帮助安排生活、处理家务琐事等。实践证明，这种邻里互助效果很好。

2. 为老年人提供的收养和寄托服务

这项服务一般由街道或居委会兴办的老年公寓（小敬老院、小福利院）和托老所承担。收养对象首先应是社救孤老（三无对象）。近年来不少退休孤老、身边无子女和有其他困难的老人，也纷纷到这里安度晚年或得到日间托养照顾。这类老人公寓和托老所一般规模较小，地点设在本社区之中，有的利用旧房屋改造而成，有的则是通过换房，把分散在社区内需要照顾的老年人集中到一个院子或一栋楼房中办起来的，也有的是利用社区空地建成。近两年来，有不少城市在小区规划时就留出几套房子以备提供小型老人公寓或托老所。

3. 组织老人互助服务

在社区中有各种各样的老人，有高龄老人也有低龄老人，有文化层次高的老人也有文化层次低的老人，还有有各方面特长的老人，他们都是丰富的人才资源。可以把他们组织起来，开展互助服务活动，如组织退休医生为其他老人义诊，组织有电器修理技术的老人为其他老人上门服务等。在上海和天津两城市率先试行的“时间储蓄”，就是一种互助服务活动的有效尝试。所谓

“时间储蓄”就是让社区中的身体状况良好的低龄老人自愿到社区为那些需要照顾的高龄老人提供劳动服务，所花费的劳动用时间单位记入个人“账户”，等到他们自己年老或生病时，可从社区其他成员身上得到同样时间的免费照顾。这样，发扬了他们的互相帮助精神，既能减轻老人的经济负担，又有利于老人发挥余热。

4. 老年人庇护服务

这是由老年人社会保护组织依据法律法规，为那些人身和基本生活权利受到严重侵害的老年人提供的临时性服务。承担这项服务的组织，一般会给老人以庇护。在许多城市和街道，老人庇护所就设在托老所之中，实现一所两用。

5. 老人文化生活服务

随着人民群众生活水平的提高，城市老人的服务需求不仅表现在物质生活上，也越来越多地表现在精神生活上。特别是近些年在城市老人的构成中，退休职工和离退休干部逐年增加，他们离开了原来的单位、职业乃至领导岗位，回到社区居民之中，往往会有一种失落感、孤独感，情况严重者甚至会否定自我价值。如何为他们创造条件扩大社会联系，建立新的社交圈子，使他们继续参加社会生活，达到精神上新的平衡，已经成为社区老人服务的一个重要课题。

6. 老年人生活综合服务

这是为满足老年人某些特殊生活需要而设立的服务项目，有些街道把这种服务项目安排在老年人活动中心里。老年人综合服务项目可以分为两个方面：一方面是老年人生活服务，包括老年人生活用品的供应和调剂，老年服装裁剪和制作，衣被拆洗和缝补，老年生活技术培训，如传授家用电器使用维修和花卉盆景栽培等知识，以及提供其他劳务性服务；另一方面是老年人婚姻介绍服务。这是社区老年保障的一项重要工作。有些街道还单独成立了老人婚姻介绍所。我国素有“少年夫妻老来伴”之说，老年人丧偶是人生的一大不幸。然而，由于传统观念的束缚，老年再婚不仅受到社会的歧视，也会遭到儿女的反对，甚至老人自身也存在着很大的心理障碍。开展老年婚姻介绍这项服务，一方面可以为单身老人搭桥，密切他们之间的交往联谊；另一方面又可以向社会和子女做好思想宣传工作，克服老年再婚的障碍。

第六章 青少年社会工作

青少年社会工作主要以青少年为服务对象，它根据青少年的生理、心理和社会特征，以青少年的需要为起点，通过运用专业社会工作的各种价值、理念、方法和技巧，促进青少年健康的成长、自由的发展，帮助他们达成一种良好的社会适应状态。青少年社会工作是专业社会工作的重要组成部分。本章即对青少年社会工作的相关知识进行简要阐述。

第一节 青少年的概念和特点

一、青少年的概念

青少年是一个非常复杂的概念，不同学科和领域对青少年的界定是不同的。

（一）生理学上对青少年概念的界定

生理学是以人体的发育（大脑和神经系统的发达、身高体重的变化、心血管系统的完善以及由内分泌系统的发育所导致的性成熟等）为根据来界定青少年的。生理学认为青少年期是“自春情发动期以迄生理的成熟期间”[①]，认为“青春期的最大特点是性

① 屈雷西．青春期心理学[M]．汤子涌，译．台湾：商务印书馆股份有限公司，1979：17.

成熟”[①]。青少年期以第二性征开始发育为起点，以性发育完全成熟为终点。从生理发育的角度，就是把青少年首先看作是生殖力成熟的阶段，所以在生理学中“青春期”“春情期”也是形容青少年期较为普遍的概念。近百年来，从生理学角度研究青少年，人们发现人体发育出现了“前倾现象”（即发育加速或提前），由此导致生理学的青少年概念也同样呈现出前伸的趋势。

（二）心理学上对青少年概念的界定

心理学是以人的智力发展水平为依据，以人的个性的形成、情感特征、自我特征等心理机制的质变为依据来界定青少年的。心理学认为：青年是完成成熟的阶段和形成个性的阶段，所以青少年期结束的标志是形成了相对独立的自我意识和相对完整的个性。整个青少年期正是发育自我意识和独立个性的时期。

（三）社会学上对青少年概念的界定

从社会学的角度来看，青少年被看作是人社会化的一个必经阶段。从整个社会的正常运行角度看，社会要按照固定的、大部分人能接受的价值、规范来持续运行，就需要通过广泛的社会化的方式，把社会的文化、价值、规范、风俗等等内化于每个个体的人格中去。这个社会化的过程，是每个个体在每个时段都在潜移默化地进行着的。每一个社会成员都会在一定时期，生理渐趋成熟、参与社会的程度不断加大，社会化的进程也迅速加剧，这个时期就是青少年期。青少年期的很多问题正是源于社会化进程中的变化和发展。

（四）教育学上对青少年概念的界定

教育学认为，青少年指中等教育到就业、独立生活、结婚为止的这段时期。青少年时期最突出的特点就是集中接受不同形式

① ［日］大桥正夫．教育心理学［M］．钟启家，译．上海：上海教育出版社，1980：28.

的中等教育,大量学习各种文化知识。从这个角度看,青少年期是指从接受中等教育开始促使其不断熟悉、接受并且内化社会的种种规范,达致个性成熟,最终成为适应社会的人的过程。青少年以学习、受教育为最主要的任务,因此,17 世纪著名教育学家夸美纽斯按照青少年在不同时期就校情况分为四个阶段:幼儿期,出生到 6 岁,主要是母育学校;少年期,6 岁到 12 岁,国语学校;青年期,12 岁到 18 岁,拉丁学校或文科学校;成年期,18 岁到 24 岁,大学高等教育。

(五)社会工作学科中对青少年概念的界定

从社会工作角度来看,青少年是指从儿童向成人的过渡时期。处于这个过渡期的个体,在生理上走向性成熟,心理上经历“心理断乳期”,渐渐发育出独立的人格。从社会适应上,从初级社会群体的圈子走向更大范围的社会,并且试图在次级社会群体中找到自己的位置,逐步成为真正的社会人。总体上来说,他们是未成熟的,但即将迈向成熟。

二、青少年的特点

(一)青少年生理发展的特点

青少年时期,人的生理迅速发育。青春期的这种生理发育被称为“生理大革命”,经过这场“革命”,儿童身体各项指标不断发生变化,可以说经历了从量到质的变化,尤其是性特征的发展最为明显。

概括来说,青春期的生理发展通常具有以下几方面的特点。

1. 体型巨变

(1)身高的变化

青春期是人体生长的第二高峰期,首先表现为身高的迅速增长。在身高突增阶段，身体的各部位的发展是不同步的，如上下肢的增长比脊柱增长快。因此，青少年会出现长臂长腿的不协调状态。在青春发育末期，脊柱的增长又超过四肢，形成成人的正常体型。

(2)体重的变化

青少年在青春期体重增加较快，男青年在身高体重突增后，脂肪逐渐减少，女青年的脂肪发育可以一直持续到发胖的程度，因此，女青年显得体态丰满，而男青年显得结实健壮。

(3)体型的变化

经过青春期的发育，人的体型呈现出明显的两性差异，女性盆骨变宽，脂肪增厚，显得较为圆润；男性骨骼变粗，肌肉较为发达，显得较为修长。

2. 机能健全

在身体外形剧变的同时，青少年的身体内部机能也迅速地发展起来，尤其是生理基础的心血管系统和呼吸系统等逐渐健全起来。

(1)心血管系统的发育

心血管系统包括心脏和全身血管。心血管系统迅速健全主要表现在以下的几个方面。

第一，心脏重量。青春期后，青少年的心脏重量是出生时的12～14倍，达到了成人的水平。

第二，心脏血容量。心脏有左心房、右心房、左心室、右心室四个腔。它们的总容量出生时是20～22毫升；青春期之初可达到140毫升；青春期开始后，速度明显增快，18～20岁达到240～250毫升。

第三，心率。新生儿心率在平静时平均每分钟120～140次，2～3岁100～120次，8～14岁70～90次，在16岁以后达到成人水平，平均每分钟72次左右。值得注意的是，从青春期时起，心率有了性别差异，女青年的心率略快于男青年。

第四，血压。人在14岁以后，血压达到成人水平，稳定在高压90～130毫米汞柱，低压在60～80毫米汞柱。男青年的收缩压略高于女青年。

第五，每搏输出量。所谓每搏输出量，是指心脏每收缩一次射出的血液量。进入青春期后每搏输出量明显增加。7岁时约23毫升，12岁时约为41毫升，青春期结束时达到成人量，约61毫升。青春期发育迅速，对新血液的需求急剧增加，青春期的每搏输出量比儿童期增加近2倍。

(2)呼吸系统的发育

呼吸系统分为上呼吸道和下呼吸道，主要功能在于吸入氧气，呼出二氧化碳。青春期呼吸系统的发育主要有以下几个方面。

第一，肺活量。呼吸功能可以用肺活量、潮气量、每分通气量等测定标准来测量。肺活量是指一次深呼吸后的最大呼气量，青春期后，青少年的肺活量相当于成人水平。

第二，呼吸频率。婴幼儿时期肌体代谢旺盛，需氧量大，呼吸器官发育还不完善，因而年龄越小呼吸的频率越快，随着呼吸器官的发育，呼吸频率逐渐减慢。人进入青春期后呼吸系统功能明显增强，青春期末的呼吸频率已经和成人相同。

3. 神经系统发达

青春期是神经系统机能最充沛、生长力最强的时期。青春期大脑的兴奋与抑制的过程基本上达到了平衡，第二信号系统的作用很快上升，使得青少年的抽象逻辑能力和理论思维能力得到了充分的发展，表现出记忆力强、理解力快、想象力丰富等特征。

4. 性成熟

生殖系统是人体最晚成熟的一个生理系统，性成熟被看作是青春发育的最重要的特征。现代医学认为性的发育与性激素的增加有直接联系，是性激素引起了性的萌发与成熟。

性激素包括雌激素、雄激素、孕激素三类化学物质。性激素的分泌器官是性腺。人的性腺是指男性的睾丸和女性的卵巢。性激素的作用主要有以下几个方面。

第一,促进生殖器官的发育成熟,并维持其功能。

第二,促进骨骼的生长发育,骨骺的闭合。

第三,雄激素促进蛋白质的生成,雌激素促进皮下脂肪沉积。

第四,促进第二性征的出现,如阴毛、腋毛的生长,男性喉结增大、胡须生长,女性乳房发育、骨盆增宽。

虽然由于性激素的大量分泌导致青春期引人注目的第二性征的出现,但性成熟的根本含义是指具有生殖能力或生育能力。也就是说,男性能排出足够数量和质量的精子,女性能排出具有受精能力的卵子。因此,性成熟的主要标志是排精和排卵。排精和排卵能力的获得和显现的标志是男性遗精出现,女性月经来潮。

5. 内分泌系统的发展

青春期的发育主要是受到内分泌腺(体内的一些特殊的腺体)的控制和影响。内分泌腺的活动与神经系统的机能活动相互调节,共同组成了体内的神经体液调节系统。内分泌腺包括脑垂体、甲状腺、甲状旁腺、肾上腺、胰腺、胸腺和松果体。其中以脑垂体最为重要。脑垂体可分泌多种激素影响其他内分泌腺的活动,从而刺激生长,影响新陈代谢,调节生理发育过程。脑垂体通过自身分泌的激素直接控制和影响青春期的生长和发育。如生长激素调节身体的生长,特别是影响骨骼的发育;促性腺激素控制着生殖系统的成熟和第二性征的发育。

(二)青少年心理发展的特点

青少年心理发展是一个异常复杂的过程,但并不否认其在发展过程中内在的规律性。这些规律主要体现在以下几个方面。

1. 主体与客体的互动

(1)主体作用于客体

这里的主体是指的青少年自身,客体是青少年所处的客观环境。青少年自身具有强烈的求知欲,潜藏着巨大能量,具备很大的能动性。他们的发展主要表现在以下几个方面。

①认识世界

在现实环境中,他们不断地通过间接或直接的方法学习知识,探索世界,逐渐熟悉社会规则、了解民风民俗、懂得道德法律,具备起码的生存技巧和劳动技能,掌握一定的科学知识和探索方法等,对世界和人生有了初步的看法,慢慢形成自己的人生观、价值观和世界观。

②接受世界

由于生理的成熟以及知识的激增,青少年那种能够控制外部世界的感觉与日俱增,他们往往充满自信,对于那些看不惯的事情接受度较低,表现出对未曾经历过的事情强烈的征服欲。但随着社会阅历的增多,他们会逐渐地了解到个人只不过是世界当中的一部分,个人与他人、与社会、与自然之间存在着十分复杂的关系,在很多事情面前,个人的能力和作用都是有限的,是要受到制约的。他们逐渐学会理解和顺应社会规则,开始变得现实,并学会改变原来已有的激进想法,重新调整自我认知,用一种新的视角看待周围的一切。

③改造世界

随着青少年知识的积累、社会阅历的增加,他们开始学习用科学的方式来改变周围的世界,他们试着运用所学发现事物运行的规律,充分发挥主观能动性,不断地开拓创新,改造客观世界。

(2)客体反作用于主体

在主体作用于客体的过程中,客体会不断地反作用于主体。青少年一方面认识、接受、改造世界,另一方面,青少年所处的客观环境会不断地对青少年加以纠正,使其对自身进行适应。

①社会对青少年的影响

社会通过各种各样的方式和途径使青少年适应社会——融进民风民俗、受社会道德的监督、遵守法律法规等。这是青少年适应社会的一个过程，也是青少年在意识上与社会观念相一致、思想上与社会风尚相统一、行为上与社会规范相协调的过程。

②客观规律对青少年的限制

客观规律包括自然规律，如春夏秋冬、生老病死等；还包括社会规律，如生产力决定生产关系等。这些规律具有不可改变性，青少年经过不断地学习和实践，逐渐加深认识和理解，并在以后的学习生活中，自主地遵从这些规律。

2．突变与渐变的统一

青少年的心理发展是突变与渐变的统一。

(1)青少年心理发展的突变性

青少年时期的身心发展有了质的飞跃，变化迅猛，早期专家将其描述为“狂飙突进期”，虽然现在很少人这么形容，但其独特之处仍值得人们关注。青少年的心理突变性体现在两个方面。

①心理品质丰富多彩

青少年的心理变得更加丰富多彩。步入社会，青少年的思想里具备了社会意识的现实性和深刻性的特点，在不断构建自我同一性的同时，他们对自我的意识逐渐清晰起来，开始勾画自己的未来，学习朝着自己设定的目标奋进。性生理的成熟和性心理的出现也是青少年时期心理的重要内容，从某种程度上来说，它对青少年心理发展发挥着决定性影响。

②心理特征急剧变化

在青春期，青少年心理在原有的水平上发生着显著的、急剧的变化。如，青少年的情绪表露在时间上比儿童时期有了更多的掩饰性和持续性，他们的内心感受已经不再喜怒尽形于色，哭闹无常的现象已消失；优秀的记忆力品质出现，意识记忆、情景记忆和形象记忆已占主导地位，机械记忆逐渐消退；他们的思维具有了高度的抽象性和概括性，形成了辩证逻辑思维，善于抓住事物的本质和把握事物的规律，具有了较强的独立思考能力。

(2)青少年心理发展的渐变性

青少年心理特征的渐变性主要表现在以下几方面。

①阶段渐进

青少年心理是随着生活内容的拓展而相应地发生变化，有其阶段性特点。如青少年初期，青少年社会经验少、社会意识薄弱，心理生理迅速发展；步入社会后，社会经验迅速增加，对社会的认识逐步加深；成家立业后，家庭心理体验更加深刻，对家庭成员的情感有更深的认识。所以，青少年的心理成熟并非一蹴而就的，而是在经历少年期、青年初期、青年中期、青年后期几个阶段的发展后，有层次渐变的。

②内涵渐进

相较于儿童时期的心理品质，青少年要复杂许多，但这些复杂的心理品质并不是瞬间就形成的，它们是从少到多，从无到有逐渐发展起来的。例如，无论从认识范围和水平，还是从社会经验和思想内容来看，都是随着其生活经历的不断积累，逐渐地丰满起来的。青少年每一层内涵的深入都是从自己的真实经历或从学习中得来的，因此，青少年的内涵的丰富，是随着自己实践体会和学习的深入逐步完成的，并非一朝一时之功。

3. 动荡与稳定的结合

青少年心理发展的过程中，会存在着巨大的不平衡性，这种不平衡性，必然导致其心理活动的动荡不安。但随着年龄增长，经验增多，自制力增强，这种动荡会逐渐地趋缓并趋于稳定。

(1)初始的动荡

青少年成长中心理的发展是呈现出不平衡状态的，其主要的矛盾包括以下几方面。

①高度热情与意志摇摆的矛盾

青少年时期，想象力有了巨大的发展，并激起高度的热情，他们容易并且经常树立起远大美好的目标，这样的目标需要付出较强的意志力才行。但一般来说，青少年的意志力发育较晚，他们的自制力和意志力较为薄弱，将理想目标付诸实施的难度较大，而一旦遇到挫折和困难，则容易表现出意志消沉、情绪低落，若不能正确对待多次失败，甚至会出现较低的自我效能感，严重影响自我认知。

②思维批判与经验短缺的矛盾

面对新事物，青少年常常表现出较强烈的好奇心，他们渴望摆脱从前的依附，独立自主地探索新世界，不愿过多地盲从他人的建议和教诲。这种大胆自由的行为，促使他们勇往直前，同时，由于阅历有限、经验不足，再加上方法匮乏，会阻滞其前进的步伐。如果青少年不能从中反思，发现新的解决方法，而一味将失败归咎于外界，就可能会出现“被排挤”“被针对”的抵触心理。

③性意识与性道德的冲突

青少年性心理发展速度较快，性意识和性欲望开始觉醒，而二者的发展速度出现较大的不平衡性。这就使得他们经常处于一种渴望发泄但又不得不压抑自己的心理矛盾中。处于性发育期的青少年较为敏感，自控能力不高，很难合理调控性冲动和性意识之间的平衡，对自身行为后果的预估能力较弱，往往会因性冲动而导致不良后果，因此，加强青少年性教育就显得尤为重要。

④独立意愿与社会限制

青少年在自我意识的发展过程中，常常出现强烈的独立欲望，喜欢以成人自居，不喜欢劝阻与约束，对任何事情都有自己的看法，希望得到社会的尊重和认可。然而，由于认知有限，经验不足，社会对其有诸多限制，二者之间的冲突对青少年自我同一性的形成产生一定影响。他们既想证明自己，又想获得社会认可，如若处理不当，便会出现适应不良的现象。

(2)后期的稳定性

青少年心理波动并非贯穿整个阶段，它随着青少年阅历的增加逐渐趋于稳定，这是社会磨炼的结果，也是青少年心智不断成熟的表现，是青少年不断增强的自制力的外化。那种矛盾躁动的心理到这时将更多地被和谐、稳定、安宁的心理状况所取代。通常，直到青少年晚期，甚至中年时期，这种矛盾躁动才能消失，较稳定的心态才会出现，较理智沉稳的作风才会充分显露出来。

第二节　青少年社会问题

在外部环境的作用下，青少年的社会问题会集中地反映在青少年的社会行为上，这不仅直接影响青少年自身的发展，而且会给家庭和社会带来巨大的负面影响，直接影响社会的稳定和发展。青少年发展的突出问题集中表现在如下几个方面。

一、学习问题

学习，不仅是积累知识、增长见识的过程，还是一个复杂的心理过程。不少人，特别是青少年，在这个过程中会受到各种心理障碍的困扰，从而导致学习效率低，学习成效不佳。

（一）记忆障碍

记忆是人脑对过去场景、经验的反应能力，它对学习具有非常重要的作用。记忆障碍是人们在识记、保持或再认识过程中发生的困难或异常。记忆障碍往往表现为以下几种情况。

第一，保持时间短。经历过的事情或在头脑中留下的事物的印象，保持不长久，容易遗忘，很快就模糊不清。往往刚学过或见过的东西，当时记得清楚，过不了多长时间就淡忘得所剩无几。

第二，识记速度慢。有的人过目不忘，对所见过或听过的事物和东西，非常容易地就在自己的头脑中留下了清晰的印象，而同样的内容有的人很长的时间也记不住，这就反映了记忆在速度上的差异。记忆有障碍的人的记忆速度往往也很慢。

第三，记忆不精确。只是记住一个大概，非常模糊，不能准确地描绘出事物的形状、颜色、大小、重量、年代等。这在考试当中体现得最为明显，看书时好像记住了，但当一做题，却又不能准确地写出答案。

（二）学习动机障碍

一个人学习成绩的好坏和他的学习动机有直接的关系。学习动机障碍有学习动机过强和学习动机缺乏两种。

1. 学习动机过强障碍

学习动机过强并不等于学习成绩一定好、学习效果一定明显，它同样会导致学习效率降低，甚至会带来生理不适应。学习动机过强的青少年会将所有的注意力，乃至个人成败都集中在学习上，时刻紧绷神经，认为休息和娱乐会耽误学习，即便有正当的放松时间也不会轻易放下学习。在这股强大的自制力的推动下，一刻不停，高度紧张乃至焦虑，也有可能导致心理偏差。

2. 学习动机缺乏障碍

与上述相反，学习动机缺乏的青少年认识不到学习的重要性，表现较为散漫松散、得过且过，提不起对学习的热情和兴趣，一再拖延，提不起精神，甚至厌烦学习，没有显著的学习动力。

（三）学习疲劳

学习疲劳是由于长时间的学习，大脑皮层细胞产生强烈兴奋，消耗大量能量，致使兴奋性降低而转入抑制状态，从而导致在生理和心理方面的倦怠，致使学习效率下降。学习疲劳一般要经过以下的三个阶段。

1. 早期疲劳

表现为上课精力开始不集中，听课开始走神，记忆力下降，学习效率降低。这是原来的兴奋过程受到抑制,从而导致原来的抑制过程变得兴奋起来的一个过程。

2. 中期疲劳

表现为反应迟钝,学习失误,效率低下,学习速度明显减缓,思维缓慢。这一阶段的兴奋和抑制过程全部减弱,大脑皮层的保护性抑制加深和扩散。

3. 过度疲劳

表现为精神萎靡,头晕头痛,食欲减退,消化不良,思维停滞。这一阶段是大脑皮层呈高度抑制状态,且出现较明显的病理现象的阶段。

(四)考试焦虑

考试焦虑是由一定的应试情景引起的焦虑,按程度分为轻度焦虑、中度焦虑和重度焦虑。在青少年中考试焦虑是普遍存在的心理问题之一。考试焦虑以担心为基本特征,多出现防御或逃避的行为方式,并受个体认识水平、人格因素以及其他身心因素的制约。它一般具有以下三种反应。

1. 生理反应

生理反应是人自主神经系统活动增强的外部反应,表现为肌肉紧张、呼吸急促、心跳加快、肠胃不适、睡眠不良、食欲缺乏、多汗尿频等,这是考试焦虑表现出来的外在的生理反应。长期焦虑会严重危害身体健康,导致大脑神经活动兴奋与抑制功能失调和失衡,形成多种类型的神经症,还容易造成冠心病、胃溃疡、高血压等疾病的发生。

2. 行为反应

这主要表现在考试的过程中,有多余的动作。或坐立不安;

或胡乱作答，早早离开考场；或以各种借口逃避参加考试，甚至采取自杀或自伤的方式逃避。这种行为反应有一个共同的特点，即多表现为防御或逃避。

3. 认知反应

青少年对考试的认知因人不同。有人认为考试只是检验自己最近这段时间学习效果的好坏，考好了说明自己这段时间的学习是有效果的，自己应沿着原来的方法继续前进和努力；考不好，说明自己在方法上需要改进或者在时间上自己下的功夫不够，自己要加把劲了。有的人就认为考试是自己与他人比较的一种工具和手段，考不好，自己在他人面前就会抬不起头，进而自己的压力很大，考不好就垂头丧气，考得好就眉飞色舞。由此，不同的考试认知会产生不同情绪和行为，过度的考试焦虑会产生不良的后果，需要老师及社会工作者密切关注。

二、人际交往问题

和婴幼儿相比，青少年的活动范围从家庭开始向外扩展，他们开始接触和了解社会，发展各种各样人际关系，这是青少年立足于社会必须学会的基本技能，也是他们满足自我需要的重要方式和手段。早期的人际互动较为单纯直接，随着交往范围的扩大，青少年适应不同的角色需要，履行不同的义务，承担不同的责任。面对纷繁复杂的社会角色需要，他们往往会产生一些困惑和苦恼，若不正确处理，则可能会影响其生存质量和以后的人生。青少年同伴关系建立的状况受个人接纳性制约，这种接纳性主要包括青少年在团体中受欢迎的程度和在同伴中的地位。从青少年发展的规律角度，一个青年人必须找到并依附一个同龄群体，才可能真正健康成长；而同龄群体对个体的影响，也在青少年期最为强烈。

(一)青少年的四种同伴关系

青少年在同伴中会处于不同的被接纳状态,这种状态直接影响他们的发展成长。在青少年同伴关系中,有以下四种典型的情况。

第一,被同伴团体中大多数成员接受,只被少数成员拒绝。

第二,同前者比,被接受的程度低些,但仍属于被积极接纳。

第三,不被同伴团体的成员喜欢,也不被讨厌者,在交往时常被同伴忽视。

第四,不被同伴喜欢,不愿与其交往,甚至被同伴讨厌。

(二)影响青少年同伴关系的因素

青少年社会工作的重要任务之一,就是要提高青少年个人接纳性的程度,帮助青少年更好地建立同伴关系。影响青少年同伴关系的因素主要有以下三点。

1. 家长特性和教养方式

热情、关爱和权威的家长,培养的子女容易形成稳定的依恋心理,与成人和同伴都能建立良好的人际关系;对人冷淡的、放任的家长,会培养出充满敌意的、具有攻击性的子女,同伴拒绝与其交往,人际关系紧张;专制、严厉家长,培养的子女往往喜怒无常和过度焦虑,其同伴会忽视他或不愿与他交往。

2. 青少年的认知技能和社会技能

受欢迎的青少年一般都具有良好的角色扮演技能,其认知、社会技能水平较高,如替他人着想、关怀他人、自控能力强等,都更受同伴的喜欢。

3. 青少年的行为特征

受同伴和成人欢迎的青少年的行为特征是:行为举止得体出

色;喜欢与人合作,帮助他人,同情心强;懂得如何奖励其他同伴,即知道注意他人,赞美他人;善于与人合作和分享,对人提出有益的建议,听从成人劝导;维护团体的荣誉,努力提高团体的凝聚力等。

(三)青少年常见的人际交往问题

1. 沟通不良

在青少年的人际关系问题中,沟通不良也是不容忽视的一个。青少年沟通不良的表现,主要有以下两种。

第一,我行我素,从不与人沟通。

第二,虽有沟通意愿,但不知采取何种方法。

对于青少年来说,要解决沟通不良的问题,首先要对沟通建立正确的认知。从沟通方式来看,主要分为语言沟通和非语言沟通两种。心理学研究表明非语言沟通所传达信息量远高于语言沟通,它在人际互动中的作用不容忽视。

此外,青少年要想克服沟通中的障碍,实现成功的沟通,还要注意在不同的场合选择不同的交往方式和技巧。例如,微笑、赞美、幽默等都可以作为增进交往效果的重要方式。

2. 交往恐惧

交往恐惧也是青少年中比较常见的一种人际关系问题。有交往恐惧的青少年不敢与人交往,担心自己不会说话,被人嘲笑,表现极为拘谨、不自然,害怕在大庭广众之下表达自己的看法,对人际互动充满恐惧。

青少年的交往恐惧感,可从以下几个方面进行调节。

第一,积极行动、主动参与,这一点至关重要。

第二,寻找恐惧的原因,增强心理承受能力。

第三,了解自己的个性,改善个性中的不良方面。

3. 交往偏执心理

交往偏执心理是人际交往中重要障碍之一,不利于良好人际关系的形成。青少年的交往偏执心理，主要表现在以下几个方面。

第一，固执，爱钻牛角尖，对问题看法偏激且不易改变。

第二，容易动怒，对于不符合个人信条的事物表现出较强烈的对立情绪和行为。

第三，常常从他人的言行中“捕捉”到一些只言片语进行反驳。

第四，缺乏幽默感，也难以接受他人的玩笑。

一般而言，青少年可通过以下几个措施来调节自己的交往偏执心理。

第一，要学会接纳宽容异己，对那些与自己不同的人和事，要学着去理解。

第二，要主动与他人交流看法，在这一过程中可以争论，但目的应放在解决问题上，而不要总想着以击败对方为快。

第三，要学会制怒，不顾后果的激怒往往葬送掉友谊、爱情。

第四，要培养幽默感，学会轻松地看待人生，参与生活。

三、恋爱问题

恋爱是一对相互倾慕的男女共同追求、培育及实施爱情的过程，它是由性生理成熟引发的性意识觉醒，是身体器官组织发育趋近成熟，进而启发青少年产生的对异性的一种由内而外的行为。青少年的恋爱问题主要有以下的几种情况。

（一）单恋

单恋是自以为某个异性爱上了自己的主观感受，是一方对另一方发出的信息产生误解。单恋一般表现为三种情形。

第一，完全属于单方自作多情。

第二，在恋爱中断后，其中的一方无法摆脱旧情缠绕。

第三，在共同学习和生活了一段时间后，一方深深爱上了另一方，可是难于启齿，彻夜难眠。

(二)三角恋

三角恋就是一个人同时被两个或多个异性所追求，或同时与两个或多个异性保持恋爱关系。三角恋的表现为有两种情形。

1. 当事人为追求者

这种情况是指当事人和别人同时追求同一个异性的情况。这种情况的结果是很容易产生嫉妒心理，一直担心会失去他(她)，从而使当事人草率地同他(她)约定终身。当当事人发现对方和别人的关系超过自己时，会产生消极泄愤心理，或中伤别人，或仓促地和别的异性草率成婚，以示自己还是很有魅力的。

2. 当事人为被追求者

一个人同时为两个或多个异性追求时，心理一般都进行着激烈的斗争。从道义上，爱情需要相互保持忠诚，需要专一，但实际中却存在了两个或多个追随者，所以究竟何去何从，内心在很长的一段时间会激荡不已。从心理角度看，当同时被两个或多个异性追求的时候，会产生对自己评价过高的错误判断。

(三)失恋

失恋是一方被其恋爱对象抛弃的情况。失恋后的青少年常常出现以下种种消极心态：消极厌世，自我折磨，陷入自卑和迷茫，心灰意冷，走向怯懦和封闭，逃避现实，缩小交际圈；心理变态，发泄报复，失去理智，容易造成毁灭性的结局。还有一种情况是既爱又恨，陷入自恋，自欺欺人，否认失恋的存在，从而陷入单相思的泥潭。

四、逃学问题

在现代城市当中，学生逃学是学校面临的一个重要的问题。

造成学生逃学的原因主要有以下两个。

(一)学校搞“分数排名”

学校凭分录取的现实导致了大家对分数都抱有过高的期望。对一个学生,分数似乎是衡量自己成绩和价值的唯一标准,有的学生把分数看成是自己价值实现的途径和手段,认为没有了分数,自己存在的价值就没有得到体现,自己的人生就没有意义;对一个家长,自己的孩子成绩好,似乎是唯一值得自己炫耀的东西,也是自己心愿和希望得以实现的最大保证,没有了分数,孩子的前途未卜,没有了分数,自己就失去了希望;对一位教师,自己的劳动成果间接地由学生的成绩加以体现,学生没有分数,自己没有成绩,工资不会提高,待遇不会增加。学生、家长、教师往往对学生的分数都抱有过大的期望,学生的高分数是对他们最好的回报。因此,这种长期应试教育下形成的观念也给我们的学生带来了巨大的压力和无奈,学校搞“分数排名”,把同样活蹦乱跳的学生一定要分个三六九等。这种“分数排名”使得有的学生自惭形秽,自暴自弃,产生了逃学的念头,最终没有毕业就逃离了学校,成为社会上的待业青年,为社会的治安增添了不稳定因素,为社会的就业增添了压力。

(二)校园不和谐现象

近年来,学校少年勒索类案件时有发生,所谓的“少年勒索”类案件是指行为人以大欺小,以强欺弱,采用威胁或强迫手段,公开非法获取财物的手段。这类案件常光天化日下,发生在校门口、溜冰场、公园、电影院、游戏机房等场所,一般动机简单,常常以追求财物为目的,少有预谋和特定的对象。他们遇到可行对象时常常,一经提出,多人附和,一起动手,而且手段奇特,常采取各种手段,甚至凭借人多使受害人产生恐惧感而交出钱物。这些不和谐现象的存在,使广大中小学生心理产生了严重的恐惧感,尤其是那些正在或曾经遭受欺凌的学生,心灵存有阴影,对校园生活产生厌烦，最终产生逃学的念头。

学生逃学还存在其他的原因，如有的女生，在自己的心目中一直暗恋着自己的“白马王子”，可一经挑明，却遭到了冷冰冰的拒绝，这使她们的自尊心受到了严重的创伤，从此开始产生自卑感，不愿意进入学校，不愿意与对方在一个教室上课，要么辍学在家，要么逃学在外。

第三节　青少年社会工作的方法

青少年社会工作的专业方法主要有青少年个案工作、青少年团体工作和青少年社区工作三大类。熟练掌握和灵活运用这三大专业方法是青少年社会工作者的必备条件。

一、青少年个案工作

(一)青少年个案工作的概念

青少年个案工作是以青少年个体和家庭，特别是有问题的青少年个体及其家庭为服务对象，其直接目标在于运用社会工作的方法和技巧帮助青少年挖掘潜能，解决当前困难，并预防产生新的问题。青少年个案工作有时也以青少年的整个家庭作为工作对象，这是因为青少年个人的成长和发展与家庭有着极为紧密的联系，要想帮助青少年改变，更多地要从家庭中去寻找动力和资源。以青少年的整个家庭作为服务对象的社会工作，也是青少年个案工作的范畴。

(二)青少年个案工作的原则

青少年个案工作的原则主要包括以下几方面，掌握并在实践中遵守这些原则是青少年个案工作者的必备素质。

1. 保密原则

保密原则是指社会工作人员应遵守职业道德，青少年本身就是受保护的对象，在青少年个案工作中，必须对青少年的一切资料予以保密。对青少年资料的保密是对他们最基本的尊重和保护。当然保密原则不是无条件的，它需要在保护当事人的前提下加以灵活掌握。

2. 个别化原则

个别化原则也可称为具体情况具体分析原则，即工作者要重视青少年个案问题的特殊性，强调青少年的个体差异。传统的青少年工作往往强调青少年发展的共性，而时代的变迁使得青少年个性更为突出，个性化发展的需求相比其他群体也愈加强烈，因此个别化原则在青少年个案工作中也就显得格外重要。

3. 沟通原则

沟通是个案工作的一个重要原则，它是指工作者与青少年案主双方交换意见，这种意见可以是一致的，也可以是不一致的，但一定要做到工作人员对青少年有足够的了解，以促成问题的快速、高效解决。

4. 承认与接纳的原则

承认与接纳的原则是指社会工作者要把青少年作为一个有独立意志和权利，受到尊重的服务对象来接受，承认其独特的个性、气质、观念、态度及行为等。青少年正处在被社会接纳的过程中，对青少年的接纳本身就能促进青少年的成长与发展。

5. 环境分析原则

青少年是受环境影响最大的人群。环境分析原则实际上强调的是一种综合分析，即不局限于青少年自身，而着眼于系统，着眼于整体社会的影响。

(三)青少年个案工作的实施策略

青少年个案工作的实施策略主要包括以下几方面。

1. 情景配合

一般来说,家庭、学校和群体是易对青少年造成影响的主要环境。青少年个案工作的一个实施策略就是要情景配合,这就是说要把青少年个人与他的家庭、学校和青少年群体这些青少年的社会情景整合起来通盘考虑。

在青少年家庭方面,要积极主动地访问他的家庭情况,了解其家庭环境,明确家庭结构、互动方式等生态因素。如有可能,应与青少年的家长进行讨论分析,力求找出该家庭与其他家庭生活方式的不同及原因,从而分析是否对青少年产生了不良后果,并以此为基点,争取家长的合作,改善当前不良的生活模式。

从学校方面来看,要了解青少年的综合情况,包括与周围同学的相处是否融洽、与老师是否配合、学习的好坏等,还要积极地了解青少年对周围同学及老师的评价以及日常的态度。

在青少年群体方面,要了解服务对象在同龄群体中的生活情况,了解其所依赖的同龄群体的行为倾向,及其在群体中所处位置、感受、人际状况及对他人的评价等,通过同辈群体的作用来影响服务对象。

2. 重视检讨、建议和追踪辅导

青少年是一个变动性极大的群体。除了情景配合策略外,青少年个案工作还有一个策略就是不断检讨、提出建议与追踪辅导。检讨与建议虽属于结案的准备工作,但它却存在于个案工作开始后的整个过程,其主要内容是发现工作中存在的不足,如对案主问题成因的分析是否得当,案主情绪反应如何,具体改变方式有无缺陷,案主问题是否已有好转的迹象,等等。追踪辅导是

在结案后，工作者出于负责任的心态以及对青少年行为稳定性不够的考虑，采取类似于回访的措施。追踪辅导主要是观察青少年案主行为及情绪改变的持续状况，以评价案主问题是否得到了真实解决。

在青少年个案工作的实践中，还有许多其他的策略方法。要真正掌握这些方法，还需要不断在实践中学习，把理论与实际结合起来。

二、青少年团体工作

（一）青少年团体工作的概念

青少年团体工作是以青少年团体或者小组为服务对象，运用团体动力程序与团体活动过程设计技术，使团体中的青少年达到社会性的发展、行为的改变，实现青少年个人与社会的和谐发展，进而促进整体社会中个人的全面发展和社会的进步。

（二）青少年团体工作的原则

青少年团体工作的原则主要包括以下几方面。

1. 团体的个别化原则

并非所有的团体都有一样的问题，相反，每个团体都是非常不同的。青少年团体无论大小，都会有不同的需求，团体内部都会有不同的互动模式。只有承认这种多样性，社会工作者才会自觉地采用不同的工作方式，针对不同的工作目标，选择适用的辅导计划。

2. 团体成员的个别性原则

个别性原则在青少年团体工作中的特殊意义在于，社会工作者必须认真了解团体中每一个成员的独特之处，研究他们的不同需求以及不同的问题。个别性原则不仅仅适用于介入方法的选择，而且适用于指导整个工作计划，包括对工作目标的选择。

3. 鼓励、调动团体成员积极性、主动性的原则

这条原则是青少年团体工作所特有的。鼓励和调动团体成员主动、积极参与团体生活，这是青少年团体工作的重要原则，对工作的成效影响很大。

4. 科学、专业地实施团体辅导的原则

不断适时适当地修改团体计划和过程，包括目标、工作方法，有区别地运用工作方案等，对青少年团体工作很重要，因为青少年具有强于其他群体的变动性和激情。

5. 调动团体成员参与冲突的原则

强调参与，特别是对冲突的参与，这是团体工作的重要功能之一。青少年是最有生气的群体，使成员通过参与冲突去学习体验不同的问题解决方式，对青少年成长的意义特别重大。社会工作者要帮助和鼓励青少年以积极的态度去面对在团体中遇到的各种冲突，在解决冲突的过程中学习做人做事。

(三)青少年团体工作的技巧

在具体的青少年团体工作实践过程中，需要运用许多专业的技巧。这里着重介绍几种针对青少年团体的技巧。

1. 领导青少年团体的技巧

对青少年团体来说，社会工作者是专业人士，因此在实际工作中，有很多时候，社会工作者是以领导者的身份出现的。因此，领导青少年团体的技巧也是特别需要学习的。一方面要适度运用专业技能和权威，积极主动地推进团体的进程；另一方面还要

特别尊重青少年的主体性和互动性，让青少年成为团体的主人。当然，还需要通过社会工作者自身的经验和修养来把握好这个“度”，否则会适得其反，达不到效果。

2. 组织青少年团体的技巧

组织青少年团体的技巧包括对青少年结群需求的把握，对青少年自发群体内部情况的了解，调动青少年结群积极性，对青少年群体中的活跃和骨干分子的认识和了解等，也包括适时实施组织活动，和青少年一起确立团体大小、团体目标、团体规则等内容。掌握这个技巧是进行青少年社会工作的前提。

3. 介入团体冲突的技巧

在青少年团体中，冲突是青少年学习的良机，也是社会工作者开展工作的载体。在青少年团体里，青少年的冲突是多种多样的，社会工作者要认真研究，什么样的冲突必须介入，什么样的冲突应让青少年自己解决，如何介入青少年的冲突，怎样有效影响青少年的冲突过程和结果，等等。介入团体冲突的技巧是非常实用的技巧之一。

三、青少年社区工作

(一)青少年社区工作的概念

青少年社区工作是青少年社会工作三大方法的最后一种，它的发展成熟较其他专业方法稍晚，然而这个工作方法在近几十年来发展迅速，工作成效也受到广泛的关注，成为社会工作的一种新方法。青少年社区工作是以调动包括青少年在内的社区居民参与为重点，以营造社区内青少年健康成长的发展环境和引导青少年在力所能及范围内与社会形成互动为工作目标，动员一切社会资源，服务于青少年，促进社区健全发展。

(二)青少年社区工作的原则

1. 以青少年发展为中心

以青少年发展为中心,不仅强调了在物质建设和精神建设二者之间的比重问题,而且回答了青少年社区工作中,社区里成人利益与青少年利益孰重孰轻的问题,是青少年社区工作最重要的原则。

2. 组织、教育、服务

组织、教育、服务是青少年社区工作的一个根本原则,这一原则表现在两个方面。

第一,是将社区居民组织起来,采取共同行动,为社区里的青少年提供服务。

第二,是将社区里的青少年组织起来,参与社区发展,和成人一道建设一个进步的、协调发展的社区。

3. 积极促进青少年的全面参与

积极促进青少年的全面参与是青少年社区工作的一个最关键的原则。根据这个原则,社会工作者要发动社区里的青少年积极参与社区事务,通过对社区里的各种力所能及的事务的参与,培养青少年对于社区的归属感、荣誉感和责任感,培养青少年的社会能力,并在改变社区总体综合环境的同时成长、发展自我。

(三)青少年社区工作技巧

1. 调查分析的技巧

青少年社区工作的技巧有很多方面,最主要的是调查分析的技巧。首先明确我们要调查和分析的具体内容是什么。这就包括要了解社区类型、历史和结构;了解社区问题,主要是青少年问题及与青少年有关的问题；了解社区资源，特别是能够服务于青少年的社区资源。青少年社区工作的调查方式与一般社会调查有相似之处。调查的方式主要有以下几种。

(1)社区观察法

社区观察是通过直接或间接方式观察社区资源、问题和结构，了解社区情况。

(2)社区调查法

社区调查，主要是通过问卷等形式就某一个方面的问题细致了解情况。

(3)访谈法

确定某一主题或者以自由漫谈方式，直接与青少年对话，了解其在社区中的真实感受，以期获得第一手资料的方法。

(4)家庭访问法

家庭访问法以了解青少年的家庭情况为主，或深入家庭，或通过第三方的身份，深入观察和访谈，了解青少年生活状况和问题，以获得对青少年问题的全面了解。

(5)随机访问法

随机访问是在社区工作中进行的随机街头访问，当我们从社区工作的角度去关注一个青少年的发展问题时，特别需要通过这种街头访问，真实地了解青少年所处的环境和面临的问题，找到问题的症结所在。

(6)文献分析法

文献分析主要是对青少年政策、法规的掌握，收集了解与青少年有关的社会政策，包括总的社会政策、地区性法规政策、本社区的特殊规定等。文献分析还包括对青少年问题的研究成果的分析，对本社区已有的研究的使用等。

2. 建立关系的技巧

建立关系也是青少年社区工作的一个重要部分，主要包括以下三个方面。

第一，接触社区居民的技巧，特别是接触社区里问题青少年的技巧。

第二，家访谈话的技巧。社会工作者进入家庭了解情况，往往会遇到抵触，社会工作者首先需要建立良好的专业关系，态度诚恳，恰当使用工作技巧。

第三，与政府部门、社会团体联系的技巧。借助社会团体的力量是解决青少年问题的重要手段，社区青少年工作不能离开与政府部门和社会团体的支持，如何促使政府部门和社会团体更多地关注青少年工作，是青少年社区工作必须认真对待的问题。

这些技巧的掌握需要在实践中不断完善。

3. 动员、组织活动的技巧

动员和组织活动的技巧在青少年社区工作中非常重要。此处所说的动员包括发动青少年在内的社区居民制定目标、策划活动、调动争取资源、挖掘培养包括青少年在内的社区领袖人物等。

动员对象包括儿童青少年在内的社区居民。社区活动发动青少年参与就需要调动青少年的积极性。青少年兴趣多样，社会文化需求多样，要让他们积极参与社区活动，就要寓教育于趣味性的活动当中，多样化、趣味性的活动才能满足青少年身心发展的需求。

策划活动是青少年社区工作的重要内容。一次成功的活动策划，关键在于适宜的主题，它是活动的灵魂，针对性极强。而要做好这一工作，首先策划活动要符合和适应社区状况，适应社区里青少年学习、生活和思想状况等；其次，要围绕主题选择相关联的内容；再次，要采用多种形式调动每一个居民和青少年参与的积极性。

社区活动离不开争取资源的过程，青少年活动对社区资源乃至社会资源的需求性更高。这种资源是多方面的，如政策资源，即通过争取政策支持服务青少年；人力资源，即调动社会各界力量参与服务青少年；物质资源，即发动各方面的社会力量，对社区青少年工作给予物质支援；信息资源，即为青少年成长提供尽可能多的有益资讯，等等。

培养社区居民领袖是社区工作的重心之一。一般来说，培养社区青少年领袖要坚持几个基本条件：有坚定的信念和责任感，努力学会分辨人事善恶，学会吸纳先进的思想文化，提高自己的政治觉悟和明辨是非的能力；有为他人服务的意识，让青少年学会从大多数人的利益出发，学会为更多的人群着想，学会平等地面对每一个人；有多种多样的智慧和本领，青少年领袖要获得青少年的拥护，除了学习好之外，还必须有其他的特长，会处理日常事务，解决青少年群体中间发生的问题，关心国家大事，会收集信息，有较广泛的兴趣爱好，知识面广，思维敏捷灵活，等等；有严于律己、以身作则的行为方式，青少年领袖人物需要在青少年中有一定的威望和影响力，这就需要他们必须严于律己、以身作则，特别是涉及自己和他人的利益分歧问题，更要先人后己，把方便留给他人，把困难留给自己，关心他人，助人为乐；有认真负责的精神，每一个青少年领袖都要认真负责地完成社区分配给自己的任务，培养锻炼责任心，认真负责的精神是对社区青少年居民的尊重。

4. 青少年社区工作的介入技巧

介入的好坏将直接影响到社区工作的成败，介入的手段主要有以下几种。

(1)从直接的物质性建设目标入手介入社区

这种介入手法主要是针对服务青少年的直接物化目标的建设，如在社区里新建和扩建公民馆、公共图书馆与博物馆、青年宫、教育中心、视听中心、体育与运动设施等。

(2)从非物质的、教育性服务入手介入社区

从这种服务性的目的介入主要是围绕社区中青少年发展的需求，为青少年提供综合的、全面的服务，服务不仅仅是要解决物质问题，更重要的是以教育青少年、服务青少年为目标。

(3)从动员组织社区内综合服务的力量入手介入社区

青少年工作者需要在实际工作中组织、联合、动员社区内各类社会团体和居民组织,整合社区里有关青少年事务的各种组织、机构和力量,为青少年的健康成长提供包括政策、机制、社会机构在内的各种各样的服务。

(4)从社区青少年亟须解决的问题、以青少年为中心的突发事件入手介入社区

这种介入手法在实际的社区工作中常常遇到。社区中偶然出现的突发事件正好是社区工作者可以介入的好时机。这类问题主要有两种,一类是社区里较长期存在的影响青少年发展成长的问题,另一类是突发性的青少年问题。

(5)从发动社会资源,争取社会力量入手介入社区

这个介入手法一方面要从社会整体发展角度,为本社区青少年制定有关政策,发展青少年事业,推动社会性青少年事务的发展;另一方面,是联系有关政府职能部门、相关社会组织和机构,争取社会资源,如资金、物质、人力等为本社区的青少年服务。

(6)从建设社区相关社会舆论入手介入社区

这个介入手法常常是与突发事件相关联,一般是由于突发事件而引入新闻媒体。可以通过大众传媒等手段,通过宣传相关社会理念,影响社区舆论,进而介入社区青少年工作。

此外,还有主持会议、处理行政事务等多种技巧需要青少年社区工作者熟练掌握。

第四节　青少年社会工作的评估

一、青少年社会工作评估的内涵

青少年社会工作评估也称青少年社会服务评估,是针对青少

年社会工作或社会服务进行的评估，是用科学的研究方法对社会服务项目的设计、策划、实施和效果等方面进行的测度、诊断和评价的活动。这是青少年社会工作评估师、社会工作者及相关研究人员运用社会科学方法，对青少年社会工作的性质、任务、主要过程和环节以及效果的一系列研究活动。这是一种将科学研究方法运用于青少年社会工作实务，并以有效地推进青少年社会工作实践为目的的科学研究活动。

二、青少年社会工作评估的种类

(一)方案评估

方案评估是方案开发的重要基础，它是根据科学性、可行性、有效性等原则，对众多方案进行评价并从中选择最适用的方案的过程。所谓服务方案就是为了满足青少年服务对象的需求，社会工作者和社会服务机构对自己提供的服务活动的预先设计，社会服务不仅要针对服务对象的需求，而且要对服务进行合理的设计。由于青少年社会工作过程涉及服务提供者与青少年服务对象的合作，这一合作过程涉及经费、人力、时间等多种资源，所以要达到服务目标，就必须预先对这些资源进行合理安排，设计各种方案，同时对服务方案进行评估，并选择适合的方案来指导服务提供。

(二)需求评估

需求评估是社会工作者或社会服务机构对潜在的或实际的服务对象的需求进行的评判。当社会工作者发现某些青少年个体或群体遭遇困境或者他们向青少年社会服务机构求助时，社会工作者就要对他们的处境和困难进行调查了解，以发现其需求并准备提供相应的服务。了解潜在的或实际的青少年服务对象的需求，对于社会工作者和社会服务机构来说是必需的，因为这是有效开展青少年社会服务的前提。通过需求评估,可以了解人们所遇困难的性质和程度,进而可以确定是否应该为其提供服务以及提供服务的程度等。人类需求十分复杂,只有对其进行科学的调查、分析,即进行科学的评估后,才能确定服务的任务和方向。

(三)过程评估

过程评估是在服务提供过程中进行的、针对服务过程中若干细节的评估。在服务方案确定后,一方面要保证其有效执行,另一方面也要对其因各种原因而不适用的部分进行修改。青少年社会服务是前后相接的一系列干预活动,要保障这种干预服务向着既定方向发展从而达到目标,就必须了解这一过程中各个环节的实际状况,评估实际状况与服务方案的吻合程度,并根据需求制定或调整具体的行动方案,这就是青少年社会工作中的过程评估。

(四)结果评估

结果评估是服务项目结束之后对服务效果的评估,可以分为效果评估和效率评估。效果评估是对青少年社会服务所达效果的评估,用于考察社会服务在帮助青少年服务对象方面产生的作用;效率评估是对社会服务投入与效果之间关系的评估,旨在了解和确定社会服务资源的使用效率。任何一项青少年社会服务都要进行结果评估,这不但是社会工作者与青少年服务对象共同确认服务成效的要求,也是社会服务机构向政府、社会、支持者进行交代的要求,同时还是社会工作者总结反思自己工作的基本要求。

三、青少年社会工作评估的要素

青少年社会工作评估的要素主要包括以下几方面。

(一)评估目标

青少年社会工作评估旨在检查被评估客体承担的社会责任和促进专业发展的情况,其具体目标与评估内容有关。青少年社会工作评估主要有两个目标:促进社会服务和发展青少年社会工作专业。通过评估来促进社会服务的直接目标;而促进青少年社会工作专业的发展则蕴含于前一目标中。同时,发展青少年社会工作专业的目标又包括发展青少年社会工作知识,并促进专业知识和方法有效运用于青少年社会服务实践之中。青少年社会工作评估师评估实施者有目的的活动,评估活动的复杂性和系统性来确认达成评估目标的复杂性和系统性。因此,评估者要根据评估的具体目标选择合适的评估方法并设计相应的评估活动。

(二)评估主体

青少年社会工作评估是人们对青少年相关活动的了解、测度和评价活动,从事青少年社会工作评估的人或机构即为青少年社会工作的评估主体。在青少年社会工作领域中,评估的主体主要包括社会工作者、社会服务机构、相关上级机构及其他与青少年社会服务机构及其资助者无关的第三方机构。这说明青少年社会评估主体时也不能忽视青少年服务对象的存在。在某种程度上青少年服务对象也可能成为评估主体,也可能参与对青少年社会服务的评估。这样更有助于促进服务效果的改善和实施。

(三)评估客体

青少年社会工作的评估客体(或称评估对象)在总体上包括三个层次,即社会服务机构、服务项目和社会工作者。社会服务机构是社会服务的承担者,它接受政府和社会的资助开展专业服务,因此必须对其进行评估。评估内容主要包括机构素质、能力评估和服务评估等。服务项目是青少年社会工作评估的最主要对象,现代社会服务常常是以项目形式出现的,对项目的评估包括服务对象的需求评估、方案评估、过程评估、效果评估，也包括对项目服务团队的评估。社会工作者也可能是独立的评估对象，青少年社会服务是通过社会工作者直接提供的或通过其组织提供，对社会工作者的评估也包括资质和服务两方面的评估。资质评估包括社会工作者的受教育水平及专业训练背景、以往服务经验及拥有的专业资格等；服务评估是对其服务方法、过程和效果的评估。

(四)评估方法

评估方法是青少年社会工作评估的最核心部分，因为没有科学的、与被评估客体相适应的评估方法，就不可能有科学的评估结果。评估时首先要获得评估客体的信息，评估方法由信息载体和信息内容组成。信息载体是指用什么形式去获取信息，如问卷、访谈、服务对象非言语行动等都可能承载着某些信息；信息内容是指上述言语、符号包含的评估所需的意义。青少年社会工作在评估要选择能获得丰富内容的信息载体去收集信息，以保证评估的科学性和有效性。青少年社会工作评估方法从总体上可以分为定量评估方法和质性评估方法，二者之间的特征、区别以及互补性已在青少年社会工作研究中有所阐述。在青少年社会工作评估中，一般将二者结合起来使用，取长补短，以达到有效的评估目标。

四、青少年社会工作评估的功能

青少年社会工作评估的功能主要包括以下几方面。

(一)有助于改善青少年社会服务

由于青少年社会工作的所有活动都是为了最有效地为有需求的青少年对象提供服务，所以青少年社会工作评估的首要功能就是改善社会服务。这种社会服务是以青少年社会工作的专业价值观和专业方法为基础。同时，针对复杂性强、变动性大的情境和任务，要有效地提供服务、达到服务目标就要开始进行评估，并选择和确定进一步开展服务的方法。评估是一项贯穿青少年社会服务全过程的活动，科学的评估会积极地促进社会服务的开展，进而在总体上增进服务效果。

（二）有助于促进青少年社会工作学科的发展

青少年社会工作的发展既需要理论的指导，更需要科学的实践。同时，科学的实践也可以进一步演化成理论以指导青少年社会工作实践工作。在总结经验、提炼理论的过程中，青少年社会工作中的这些研究性评估发挥着重要作用。它们以一定的理论或方法论为基础，深入分析实务经验，通过比较和提炼得出具有普遍性的经验并加以理论化，从而形成一定形式的理论。这些理论及其内在的知识体系又会反作用于青少年社会服务实践，在发挥指导作用的基础上，促进青少年社会工作学科不断丰富和完善。

（三）有助于推进社会发展

青少年社会工作作为社会工作的一个实务领域，在推进社会福利、提供社会服务的过程中，发挥着重要的作用。通过对青少年社会工作的评估，可以明确地检查政府、社会以及相关机构为社会弱势群体所提供的福利服务是否有效，是否实现了这些福利供给主体的社会责任，同时，可以明确社会成员的潜在需求，并有效拟定下一步工作的思路和方法。因此，开展青少年社会工作评估工作，有助于提高社会成员的生活水平和社会满意感，有助于促进整个社会的福祉，从而推进社会发展和进步。

第七章　妇女社会工作

随着科技的进步和社会文明程度的提高，女性越来越多地进入了公共领域。但同时女性从家庭走上社会，也面临很多困境和问题，因此关注女性需求与权利，已成为妇女社会工作重要的研究领域。

第一节　妇女社会工作的概念及发展历史

一、妇女社会工作的概念

关于妇女社会工作的定义，首先需要引起足够注意的是，在我国，由于历史和现实的原因，人们常常将妇女工作和妇女社会工作相提并论，甚至简单地将二者等同起来，其实二者存在较大差别。具体来说，妇女工作和妇女社会工作的区别主要有以下几点。

第一，从工作主体来说，妇女社会工作的主体是专业的社会工作者和社会工作机构，更多是非官方的民间组织；而目前我国妇女工作的工作主体则主要是各级妇联和妇委会，而它们更多地隶属于官方或半官方组织。

第二，从工作目标上来讲，妇女社会工作的目标更多地被划分为治疗、预防和发展三重相互关联同时又相互递进的目标体系；而妇女工作的目标则相对显得割裂，并且更多地停留在为弱势妇女群体进行保护、支持和维权之上。

第三,从工作对象来看,妇女社会工作并不仅仅止于弱势妇女群体,同时,还包括了常态妇女群体以及优势妇女群体;而妇女工作尽管在对象上强调为全体妇女服务,事实上则更多的是为弱势妇女群体服务。

第四,从工作范畴上来看,妇女工作是一个全称概念,而妇女社会工作则是一个单称概念,妇女社会工作隶属于广义的妇女工作。

第五,从工作方法上来看,妇女社会工作的方法主要是专业的社会工作方法,如个案、小组、社区以及政策倡导等,更多的是自下而上的;而妇女工作的方法则主要是行政性的或半行政性的,更多的是自上而下的。

需要强调的是,妇女社会工作是社会工作的重要实务领域,因此,可将妇女社会工作的定义界定如下:妇女社会工作是以妇女为服务对象而进行的专业社会工作服务。也就是说,妇女社会工作是借助社会工作的专业方法来对妇女进行服务的活动。妇女社会工作的目的在于通过社会工作的专业介入,提高妇女能力,赋权于妇女,整合妇女服务资源,从而帮助妇女完善自我,获得社会发展,并推动社会公正。

二、妇女社会工作的发展历史

长期以来,妇女服务或妇女社会工作一直有意无意地以维系现有的家庭结构和妇女从属地位为己任,直至女性主义理论被引入社会工作领域之后,这种状况才稍稍有所改观,这从对欧美和中国香港地区妇女社会工作的发展历史的探寻中,可以得到印证。

(一)欧美妇女社会工作的发展历史

欧美妇女社会工作大致可以分成妇女服务时期、女性主义的妇女服务时期和男性运动时期三个时期。

1. 妇女服务时期

妇女服务时期是指长期存在的只是针对家庭、社区的服务时期，而服务的受助者或动员对象主要是妇女。这些服务视性别分工为既定事实甚至是天经地义，并不反省其对两性的不同意义。所以，这时期开展的服务主要为持家技巧、夫妻沟通技巧、义工训练等。显然，这些服务着眼于以下两个方面而展开：一是把妇女作为家庭照顾者的角色；二是把妇女作为开展社区服务的资源。

2. 女性主义的妇女服务时期

20 世纪 60 年代女性主义运动的兴起，促进了专业的妇女社会工作在欧美国家的萌芽和发展。一些基于女性主义视角的研究发现，资本主义国家的福利服务至少存在着以下两个弊端。

第一，福利服务基本上都以男性为基点而很少考虑女性的需要。

第二，福利服务复制了父权统治的运作模式，从而强化了妇女依属的角色和地位，阻碍了妇女自由选择她们自己期望的生活方式，有意无意地促成和加剧了妇女当前的困境。

在上述研究和思想指导下，以“妇女为本”的妇女社会工作理念由此产生，并且面对处于不同受困处境之中的妇女的服务，如受虐妇女服务、妇女劳工服务、性暴力受害者的妇女服务、性工作者的支援服务等不断涌现，这些服务大多以女性主义为指导思想或核心概念。

3. 男性运动时期

20 世纪 90 年代以来，男性运动成为欧美发达国家妇女社会工作的新发展。这一运动的基本思想来源于一些女性主义者和妇女社会工作者的这样一种意识：不仅仅需要女性的改变，而且还必须改变男性，如此才能改变男女不平等的事实。因此，许多具有女性主义思想的妇女社会工作者开始尝试提供改变男性的社会工作服务，如为施虐男性提供干预治疗，把女性主义视角运用于性侵犯者、婚姻治疗之中等。

（二）中国香港地区的妇女运动和妇女社会工作

香港的妇女服务和妇女社会工作与香港的妇女运动紧密地联系在一起，大致可以划分为两个阶段。第一阶段由第二次世界大战以后至20世纪80年代，这一阶段的妇女运动大多由一些精英及拥有富裕背景的妇女所推动，在这种情形之下，妇女社会工作的指导思想主要是以慈善为要义，妇女社会工作者大多关注的也是妇女儿童的福利等。第二阶段从20世纪80年代初至今，这一阶段的妇女运动的发展较为活跃，联系面较为广泛，它大致上面向本地化、多元化、群众化和政治化四个方向发展，从而也带动了妇女社会工作迈向这四个方面。“本地化”的意思是指发展本地资源、掌握本地妇女问题的状况，并发展有关理论和实务。“多元化”是指发展不同性质的妇女团体，包括有特定关注点的团体、广泛关注妇女问题的团体、倾向社会运动取向和服务取向的团体。多元化的发展可以互相协调，从而产生互相促进的作用。“群众化”意指妇女运动以及社会工作必须动员基层妇女参与，增加她们在政治上的影响力，争取制度上的改革和保障。“政治化”是指妇女社会工作者逐渐认识到，妇女目前面对的困境并不是个人问题，她们在家庭及就业等诸多方面陷入的窘迫状况是社会制度所造成的，因此，妇女社会工作的一个工作重点就是要改革社会制度和社会结构。

总体来说，以上述方向为发展目标的妇女社会工作，在香港仍然为数不多，大多数妇女团体还仅仅只是为妇女提供服务。严格地说，为妇女提供服务并不等同于妇女服务。所谓妇女服务，应该以妇女发展为主体，针对她们的需要为目的，旨在提高妇女对自己潜能及需要的认识，发展其独立自主、自决及自信的人格，并提高及扩大妇女在生活上的自由。当然，根据这个目标，香港妇女社会工作还有很长的路要走。

第二节　妇女社会工作的原则与理论基础

一、妇女社会工作的原则

(一)妇女社会工作的普遍性原则

妇女社会工作的普遍性原则主要包括以下几方面。

1. 女性为本原则

传统社会的错误在性别方面主要体现为男性中心主义，当代女性主义的革命主要体现为针锋相对的女性中心主义的建构。事实上，简单化的男女二分无济于事，任何一种形式的性别压迫都是错误的。在妇女社会工作中，我们所倡导的主要不是以女性中心主义来取代男性中心主义，而是在具体实务过程中，更多地以女性为本，突出女性意识，强调从女性出发，注重为女性服务，最终达到女性的觉醒与发展。

2. 追求平等原则

妇女社会工作的基本目标是推动女性自觉，帮助女性实现自我。妇女社会工作的最高目标则是致力于平等追求，这种平等既包括女性与男性的平等，同样也包括女性与女性的平等。平等而不是压迫，这是妇女社会工作和女性主义很明显的不同。

3. 尊重差异原则

差异性的提出可以视为女性主义非常重要的贡献，在社会工作中，差异性主要体现为一方面男性与女性的不同，这促使妇女去寻找和发掘自身的性别特质；另一方面，这种差异则体现在女性和女性内部之间的不同，这体现了妇女自身的多样性和复杂性。目前，关于妇女自身内部群体的分化研究已经日益得到证明，这意味着即使面对妇女问题，我们也不应当采取无差别的介入方法，而应该根据不同妇女的个别性特征和差异性诉求，采取灵活多样的介入方法。

4. 强调关系原则

比较而言，男性之间更多的是个体奋斗，而女性之间比较多的则是群体合作，因此，关系在妇女中就占据了非常重要的地位。现实之中，许多对妇女提供的服务也常常从关系的建立、修复和重构入手，效果确实非同寻常。

5. 立足社会原则

妇女社会工作最基本的假设是建立在"个人的就是社会的"基础之上的，也就是说，妇女的问题主要是社会问题所导致，因此，在妇女社会工作实务中，社会就成了主要介入目标。事实已经证明，关注社会的这种整体介入效果要远远大于仅仅着眼于妇女个体的单一化服务措施。

6. 性别的双重视角原则

性别的双重视角主要指的是我们在性别观点上应该坚持生理性别与社会性别并重的双重观点，妇女的问题本质上是性别的问题。但是，传统社会中人们主要关注的是生理性别，误认为女性的问题主要是源自于天生，这就导致了将妇女的社会问题错误地归结为生理问题；与此相应，当代女性主义过度强调社会性别的决定性作用，这导致了将妇女复杂的问题简单归结为文化决定论的错误。双重性别观的引入给我们观察妇女问题提供一个更加科学而又全面的视角。

7. 个人的就是社会的原则

女性主义主张个人的就是政治的，这个观点本身并不为过，但相对激进了些，因此，女性主义在许多领域引起了男性的强烈阻抗。事实上,比较合适的转换应该是“个人的就是社会的”,这句话的核心意义在于解释妇女的问题尽管表现为妇女个体困境,但事实上,个别妇女的问题往往是社会造成的。因此,对妇女问题根本性的解决应该从对社会本身结构性的改变入手。

8. 强化性别意识敏感度原则

女性主义早已揭示出妇女的问题本质上不是物质问题,而是意识问题,传统的男性主导社会造就了男性中心的意识形态,这种错误的性别意识形态最终会内化于妇女的内心深处,使妇女处于性别压迫的集体无意识之中,也正因为如此,对性别意识敏感度的强化就显得尤其必需和紧迫。事实上,女性意识这个斗争武器的发现更多地还是得益于马克思的阶级意识。

(二)妇女社会工作的具体应用性原则

妇女社会工作在实务过程中具体的应用原则可以归结为以下10点。

1. 赋权于女性

尽管女性主义确实存在过度之处,但是,非常值得感谢的是,女性主义发现了妇女问题的本原在于女性权力的缺失,这种缺失并不仅仅表现在家庭这个私人领域中,同样也体现在社会这个公共领域中,换言之,女性权力的缺失是全方位的,正是这种根本性的、结构性的权力缺失导致了妇女的各种问题。

2. 重视、肯定、激发女性潜能,助其自助

在社会工作中有一个非常好的价值信仰,那就是对于弱势案主内在潜能的强烈信仰,现实之中,遭遇问题的案主最大的问题实质在于自我信心的丧失,而潜能观的提出使我们有了一个动态的、开放的眼光来重新审视案主,同时,潜能观的提出也可以极大地激发案主的希望和信心。如果受挫妇女能够真正发现并开发

出自我的潜能，相应地，自我实现就完全可以通过案主自决而达成。

3. 鼓励女性相互交流，共同分享有益经验，增强女性自我效能感

大多数问题妇女常常充满了无助感和挫败感，这最终又被归结为自我概念的扭曲。因此，妇女社会工作主张首先应该借助于集体的力量来克服个体的问题，因此，更多地倡导求助妇女之间的相互交流和支持；在目标上，妇女社会工作希望能够帮助妇女增强自我效能感，也就是强化求助女性的自我正向评价，重构受助妇女积极的自我概念。

4. 发现女性案主的共同性和差异性，成立女性觉悟小组

共同性是女性达成集体认同和团结的重要基础，差异性则是妇女相互区别的本质所在，共同性和差异性是妇女社会工作实务中非常重要的两个逻辑起点。在共同性的基础之上，可以结成女性觉悟小组，这也是妇女社会工作中被证明非常实用的一种方法，女性觉悟小组主要就是通过妇女共同的问题诉求，借助于多样性的个别体验，最终推动女性自身意识的唤醒。

5. 相信女性，接纳女性，承认女性的独立性

对于妇女来说，长期的性别歧视环境极大地挫伤了妇女的自我意识，同时，也招致了男性对妇女的歧视行为。因此，在实务过程中，相信妇女是一个平等、独立、有潜能、有权利的主体就显得异常关键，这种认同和接纳本身就是一种非常有效的治疗方法，可以提高妇女自身的主体意识，增强女性的自信心，从而推动女性自立。

6. 诉诸集体力量解决女性个人问题

妇女社会工作面对的对象主要还是个体妇女，这里需要特别警惕的是不能够简单停留在妇女个体自身，而应该更多地诉诸社

会。这种诉求主要表现在两个方面。

第一,对个体妇女问题原因的社会性揭示。

第二,对个体妇女问题的社会性介入。

7. 为女性创造独立的空间和时间,缓解过多的责任、压力和自责

因为传统男性社会的压迫,女性无论在公共领域还是私人领域实质上都非常缺乏独立的空间和自由的时间,许多妇女往往是隶属性而非独立性的,这一方面抑制了妇女自我意识的成长,另一方面也给妇女带来了更多的无助感。女性空间和时间的创设可以让妇女重新回归自我,逐渐释放自我,真正建构自我。

8. 强化并扩大女性可利用的资源

巧妇难为无米之炊,对于遭遇问题的妇女来说,其中的原因有很多种,社会资源的欠缺是非常重要的一个因素。从社会工作的服务方式来看,整合社会资源,并且将相应的社会资源和遇到问题的妇女连接起来,这同样是非常有效的一种工作介入方法,在此种方法中,社会工作者承担的其实是一种资源链接者的功能。

9. 女性问题是多元的,应用多种方法、多种力量,共同协作

因为妇女本身是多元的,而且,妇女置身的情境也是复杂的,所以,妇女自身的问题必然呈现出多元化特征,这种问题的多元化必然要求解决方法的多元化,要求介入力量的多元化,要求社会资源的多元化。

10. 微观、中观和宏观多层次的介入

从目前来看,社会工作的介入,更多的是受到了生态系统理论的影响,这意味着社会工作的介入主要是一种系统性介入。在妇女社会工作中更是注重对社会这个宏观影响因素的强调。传统的妇女工作往往容易陷入对妇女本人微观因素的强调,从生态

系统理论来看，每个妇女都是置身于特定的环境系统之中，这个环境系统大体可以划分为三个层面。

第一个层面是微观子系统，这里主要包括妇女自身以及相关家庭等因素。

第二个层面是中观子系统，主要包括单位、社区、阶层等相关因素。

第三个层面是宏观子系统，主要包括社会价值、社会政策以及社会制度等因素。

任何一个妇女都置身于这三个子系统之中，三个子系统分别对妇女构成了不同的影响作用，同时，这三个子系统之间也存在着交互作用，对妇女问题本身的分析和介入需要综合考虑三个子系统的整体影响。

二、妇女社会工作的理论基础

中国和西方不同的历史和社会特征使马克思主义和女性主义成了妇女发展中两个关键性理论依据，具体到妇女社会工作，同样如此。

(一)马克思主义妇女观

马克思主义妇女观指的是运用辩证唯物主义和历史唯物主义的世界观、方法论，对妇女社会地位的演变、妇女的社会作用、妇女的社会权利和妇女争取解放的途径等基本问题做出的科学分析和概括。这种妇女观，是马克思主义理论体系的组成部分。

从以上定义出发，结合马克思主义在中国的历史发展以及我国妇女工作的具体开展，马克思主义妇女观的具体内容被归结为以下 5 点。

1. 妇女解放是一个长期的历史过程

它不仅为生产关系所制约，也为生产力所制约；不仅受物质生产水平的影响，也受精神文明程度的影响。推翻人压迫人的社会制度，建立人民当家做主的国家政权，为实现妇女解放，实现男女平等提供了根本的保证。但由法律上的男女平等达到事实上的男女平等，任务仍然十分艰巨。关于妇女解放的历程，马克思主义的主要观点表现在以下几点。

第一，妇女的解放除了受到了物质生产水平的影响之外，还同时受到了精神文明程度的影响。这其实也意味着，妇女的解放并不仅仅是物质意义上的解放，还同样包括精神意义上的解放，只有物质和精神双重的解放才是妇女真正的解放。

第二，妇女的解放受到了多重因素的影响，其中，既有生产关系的制约，更有生产力的限制，这意味着，妇女的解放是建立在生产力极大发展的程度之上，这一点已经得到了历史的证明。

第三，马克思主义妇女观认为，妇女的解放是一个漫长的历史过程，要想真正达到妇女的解放，还有很长的路要走，还有很多的事要做，这是一个相当艰巨的历史任务和使命。

2. 参加社会劳动是妇女解放的一个重要先决条件

人们在社会上和家庭中的地位，归根到底是由人们在社会生产中的地位所决定的。这个先决条件，只有在社会主义制度下才能充分实现。关于妇女解放的条件，马克思主义妇女观的重要性主要体现在以下方面。

第一，指出了妇女解放的真正条件，也就是参加社会劳动。换句话说，马克思主义妇女观认为，妇女解放的先决条件不在于家庭这个私人领域，而是在于社会这个公共领域，妇女要想真正得到解放就必须走出家门，踏入社会，积极地参加社会劳动。

第二，马克思主义妇女观同样明确指出，资本主义不可能真正解放妇女，妇女的真正解放只有社会主义才能做到。其中原因很简单，因为资本主义是一种剥削制度，只有社会主义才能够彻底消灭剥削，最终走向妇女解放，达到男女平等。

3. 妇女在创造人类文明、推动社会发展中具有伟大的作用

在人类自身生产中，妇女更具有特殊的价值，做出了特殊的贡献。尊重妇女、保护妇女，是社会进步的一个重要标志，是社会文明应有的法律规范和道德风尚。关于妇女的地位，马克思主义妇女观主要阐发了以下几个重要观点。

第一，女性具有不同于男性的特殊性，女性应该受到平等的尊重，这种尊重包括对妇女人格的尊重以及权利的尊重。

第二，马克思主义妇女观强调妇女和男性同样非常重要，都是历史的创造者，同样是人类物质文明和精神文明的缔造者。

第三，马克思主义妇女观将妇女的尊重和保护提升到前所未有的历史高度，认为对妇女的尊重和保护是人类社会进步的重要标尺，也是人类文明不可或缺的重要构成。

4. 妇女被压迫是人类历史发展到一定阶段上的社会现象

在远古时代，人类两性曾是平等的。只是当人类社会产生了私有制和阶级对立的时候，妇女才被剥夺了财产所有权，被排斥于社会劳动之外，沦为家庭的奴隶和男子的附属物。这种现象是一定历史条件下的产物，因此它必将被新的历史条件下的男女平等所代替。在这里，马克思主义妇女观值得我们注意的主要内容有以下几点。

第一，马克思主义并没有回避女性被压迫的现实，直接将这个问题揭示了出来。

第二，马克思主义妇女观将妇女发展的最终目标界定为男女平等，事实上，男女平等也正是我国的基本国策。

第三，对于妇女被压迫的现象，马克思主义进行了历史的解释，认为妇女的被压迫是一种历史现象，它产生于历史，并终将被历史所消灭。

5. 妇女解放的程度是衡量普遍解放的天然尺度

在以私有制为基础的社会里，妇女处于被压迫地位，其实质

是阶级压迫的一种表现形式。在那里,这种状况不仅由社会经济制度所决定,受社会政治制度所保护,而且,通过社会意识渗入人们的思想观念之中,因此,妇女解放必须伴随全体被剥削被压迫人民的社会解放而得到实现。马克思主义妇女观对于妇女解放提出了几个非常重要的论断。

第一,指出了妇女被压迫是一种错误的现象,这种错误现象产生的根本原因在于私有制的产生,这是一种制度性压迫。

第二,妇女被压迫除了经济和政治等原因之外,还有另一个重要原因:社会意识。这意味着妇女解放除了经济解放和政治解放之外,还需要经历社会意识的解放,也就是思想的解放。

第三,指明了妇女解放的奋斗目标,妇女解放不能仅仅止于妇女自身,而应该致力于将建立在私有制基础之上的剥削制度彻底消灭,只有这样才能真正解放妇女。

(二)女性主义理论

除了马克思主义之外,女性主义是人类历史上第二个对女性解放产生了革命性影响的理论。

女性主义理论的发展流派繁多,大体包括自由主义女性主义、马克思主义女性主义、社会主义女性主义、激进女性主义、第三世界女性主义、后现代主义女性主义、生态女性主义等诸多流派。其中,最具影响的主要有以下几个。

1. 马克思主义女性主义

马克思主义女性主义很明显首先是受到了马克思主义思想的影响,接受了马克思关于资本主义和私有制的相关分析。它们认为,妇女的被压迫根本上是起源于生产资料的私有制。妇女所受的压迫主要是被资本主义制度所压迫,而不是被男人所压迫,因此,解放妇女,改变妇女被压迫地位的途径就在于推翻资本主义制度、废除生产资料私有制。马克思主义女性主义承认,阶级压迫而非性别压迫是最基本的压迫形式。

2. 自由主义女性主义

自由主义女性主义是在女性主义运动的第一次浪潮中形成的，女性主义运动的第一次浪潮产生于19世纪后期，主要关心的问题是争取妇女的选举权、女性平等的受教育权利，以及女性的就业问题。自由主义女性主义的理论背景是法国大革命以及欧洲的启蒙运动，主要代表人物是英国的玛丽·沃尔斯通·克拉夫特和约翰·斯图亚特·米尔。玛丽·沃尔斯通·克拉夫特的代表作是《为女权辩护》，这部著作被称为是第一部女性主义著作。在这本书里，克拉夫特批判了卢梭关于男女两性生理上的差别导致了男女两性在社会角色上的差别的观点。她认为，在理性和理智方面，女性并不低于男性，男性与女性应当享有平等的教育权利，正是因为教育的缺乏，才导致了女性的不平等地位。米尔的代表作是《妇女的屈从地位》，在这部著作里，米尔认为，妇女的屈从地位绝不是一种自然的现象，而是人为的结果，是男人对女人的强迫的结果，是生活习惯、社会教育和社会压迫的结果，这导致了女性表面上的低劣和实际上的屈从。

3. 社会主义女性主义

社会主义女性主义承认女性的被压迫是一件经济事实，是资本主义制度下阶级压迫的产物。同时，社会主义女性主义又强调男女两性之间的关系的重要性。它们认为，"阶级"不仅使之从生产资料角度区分倡导无产阶级和资产阶级，女人和男人这两对性别歧视也可以被视为两大阶级，性别的压迫也是阶级压迫的另一种形式。这样，女性所承受的压迫就变成了双重的，即第一重是阶级压迫，第二重是性别压迫。因此，妇女的解放必然要求一方面废除阶级压迫，另一方面要废除男性所施于的性别压迫，必然地，社会主义女性主义的最终目标便是消灭男女阶级的划分。

4. 后现代主义女性主义

后现代主义女性主义指的是后现代主义和女性主义相结合

的一个产物，但在很大程度上可以认为，后现代主义女性主义是一种值得怀疑的结合，因为，这种结合在给女性主义带来理论上的建设之外，还给女性主义带来了理论上的破坏甚至毁灭。对后现代主义女性主义产生影响的主要是福柯、拉康和德里达三位男性思想家。从建设性的角度来讲，后现代主义为女性主义提供了更丰富的论题。福柯关于权利、身体、性、语言的集中论述，都在后现代主义女性主义中成为热门话题，当然，这其中的解释和探讨更多地充满了女性的经验色彩。后现代主义同时还为女性主义提供了观察社会的新的途径，后现代主义对巨型理论和宏伟叙事的扬弃、对普遍主义和本质主义的否定、对传统二元对立观的批判、对多元论的倡扬等，这些都成为后现代主义女性主义熟练演练思想的工具。

值得注意的是，后现代主义在给女性主义带来思想激发的同时，还带给了女性主义极大的危害，这种危害不仅影响到了传统女性主义的许多重要概念和命题，甚至还影响到了女性主义作为一种理论而存在的根本。女性主义首先是一种政治哲学，它充满了强烈的政治取向和意识形态色彩，但后现代主义恰恰又是非政治的或后政治的，这就使后现代主义处于一种极其尴尬的境地；其次，后现代主义反对普遍主义和本质论，这使“女人”“父权制”“男人”等核心概念都失去了理论上的存在基础；最后，后现代主义反对二元论思想，这使男人和女人这个传统的二元对立存在一下子便被消解得无影无踪，后现代主义的理论使得传统女性主义要么否定自身，要么完全改变自身。但无论采取哪一种方法，女性主义都难逃被破坏和被毁灭的命运，因此，有这样一种说法：“一个女人不可能既是一个女性主义者，又是一个后现代主义者，即‘后现代主义女性主义不可能性’”。

5．激进女性主义

激进女性主义尤其强调的是男性对于女性的性别压迫，男性和女性之间的差异同时也得到了极度的强调。激进女性主义的核心概念是父权制，这个理论最早是由凯特·米列特引入的。父权制最早是用来描述前现代社会由男性来做家长、做统治者的一个普通名词，米列特将它引入女性主义话语系统之后，“父权制”这个词就变成了女性主义反对男性压迫的一件极有力的武器，而且充满了意识形态的色彩。父权制在这里指的是一种系统化的、制度化的男性压迫女性的政治体系，也就是说，在工业、农业、军事、政府、社会、大学、中学等社会的各个领域都充满了男性对女性的压迫，甚至连女人最私密的性经验也逃不脱性别的压迫，因为个人的本质也是政治的，激进女性主义的结论使人不能不感到震惊。激进女性主义的第二个重要议题是关于男女两性的生理差异，激进女性主义非常强调男女两性之间生理差异的重要性，正是这种生理上的不便，才导致了女性实际生活中的诸多不平等，在这些经验中，女性的生理特征使她们不得不处于一种屈从的地位，所以，激进女性主义者倡导生物革命、倡导技术进步，以此来解放妇女，比如避孕技术、试管婴儿、无性繁殖等，这些技术的进步会帮助妇女摆脱由于生理原因而导致的被动情形。

激进女性主义还提出了其他一些与男女两性生理差异相关的话题。弗洛伊德认为女性有一种“阳具羡妒”心理，而激进女性主义则认为并非如此，反倒是男性会生出一种“乳房羡妒”或“子宫羡妒”心理。女性的主要特征是关怀、爱和保护，而男性则常常表现出暴力、对立和争斗的特征。因此，激进女性主义者更热衷于赞美和倡导女性的特征。也许正是因为激进，所以，许多人并不赞同激进女性主义的观点，但不可否认的是，正是因为这种激进，许多人才无法轻易否定激进女性主义，因为，它的确提出了许多令我们不得不加以关注和深思的问题。

可以毫不夸张地说，女性主义的产生是人类发展史上非常值得铭记的一次重大社会变革，它所造成的相关影响一直到今天还很难完全概括，因为，这种影响至今仍然在持续扩大之中，甚至有人把女性主义的产生视为人类继民族解放、种族解放和阶级解放之后的第四次革命。女性主义的深刻影响不仅波及政治、经济、哲学、文学等众多学科，而且深深地影响了当今社会学的发展。

第三节　妇女社会工作的内容与方法

一、妇女社会工作的内容

妇女社会工作的内容包括以下几方面。

（一）妇女的婚姻和家庭工作

1. 婚姻和家庭关系调适

（1）夫妻关系的调适

在夫妻关系的调适中，突出的问题是家务分工、经济支配、教育孩子等方面的矛盾，城市里的婚姻危机突出表现在夫妻一方的婚外情、重婚等。

（2）亲子关系的调适

①强调父亲的参与和家人的配合，重视父亲在亲子关系、儿童教育中所承担的责任。

②学会处理隔代教育中祖辈无原则溺爱孙辈的方法。

第一，祖辈家长和孩子的父母对孩子教育的思想认识应统一。

第二，两代人协商建立必要可行的家规，同时也要给孩子一定的自由度和独立性。

第三，年轻的父母首先要端正态度，不管多么忙，都要抽时间与孩子在一起，不要把对孩子的教育权、抚养权完全交给祖辈家长。

（3）婆媳关系的调适

解决婆媳关系这个永久的问题要从根治性别制度入手。在社会学视角下,应遵循婆媳关系调适的原则。

第一,让媳妇认识到婆家和娘家都要平等对待,不要分亲疏远近。

第二,在婆媳关系的调适中,丈夫要发挥积极的调节器的作用。

第三,调适时应该遵循包容和相互理解、将心比心等原则,在婆媳之间建立平等、尊重的关系。

第四,帮助婆婆认识与儿子和孙子女之间的关系、角色、权力的边界。

2. 针对单亲母亲家庭的服务

(1)如何看待单亲母亲家庭

第一,应当关注单亲母亲在应对问题时表现出来的能力和智慧,而不要把她们视为可怜的弱者。

第二,单亲母亲的问题不是单亲母亲个人的问题,而是社会福利不足、社会存在歧视等社会因素而导致的问题。

第三,单亲家庭不是导致孩子问题的根源,其根源在于社会对单亲家庭不恰当的对待方式、歧视以及社会保障缺乏等。

(2)单亲母亲家庭的界定和存在的问题

第一,单亲母亲家庭是因为丧偶或者离异以及其他一些原因而导致的母亲和孩子一起组成的家庭。

第二,面临的主要问题包括:亲子关系和孩子教育、单亲母亲的贫困化、就业困难、再婚困难、社会对单亲母亲的歧视和偏见以及缺乏针对单亲母亲家庭的社会保障等问题。

(3)对单亲母亲家庭的服务

建立社会支持体系,充分发挥正式支持与非正式支持的作用,加大政府、社区、非营利组织的支持力度,提高正式支持的有效性和专业性,增强非正式支持的稳定性,从而让单亲母亲家庭摆脱现实困境,提高生活质量。

(二)干预伤害妇女行为的工作

伤害妇女的行为主要包括婚姻暴力、拐卖妇女等。

1. 婚姻暴力

(1)婚姻暴力的概念

我国最高人民法院在《关于适用(中华人民共和国婚姻法)若干问题的解释(一)》中对“家庭暴力”界定为:行为人以殴打、捆绑、残害、强行限制人身自由或其他手段,给家庭成员的精神、身体等方面造成一定伤害后果的行为。

(2)婚姻暴力的特征

长期遭受婚姻暴力的妇女具有一些共同的特征,称之为“受虐妇女综合征”。其特征包括以下几方面。

①低自尊

认为自己应该对施暴者的行为负责,有严重的罪恶感和心理压力,并带有身心疾病,相信除了自己外没有人能够帮助自己解决问题。

②暴力正常化

长期和反复经受暴力的妇女,不是不愿反抗暴力,而是逐渐将暴力行为视为日常生活的一部分,将其正常化。她们被暴力控制了身心,否定自己的能力,不相信自己能够摆脱暴力等。

③暴力循环

婚姻暴力是有规律的,呈现出周期性循环发生的特征,分为愤怒情绪积蓄期、爆发期、道歉、宁静、爱、喘息期等不同阶段,有时也被人们称作“螺旋状”的暴力。每次暴力不仅有周期而且深度也相同。

2. 拐卖妇女

(1)拐卖妇女问题的界定

拐卖妇女是指以出卖为目的,涉及拐骗、绑架、收买、贩卖、接送、中转妇女等行为。

(2)对被拐卖妇女造成的危害

把妇女当成商品买卖,严重地损害了妇女的身心健康,同时给妇女的家庭带来了深重的灾难，这种行为是对妇女人权的践踏和轻视，反映了男女两性之间的权利关系，是性别歧视的反映，与出生性别比失调、男婚女嫁等性别偏好和性别制度直接相关。

3. 对伤害妇女行为的干预

(1)干预的原则

第一，接纳受害妇女描述的问题而不是责怪受害者。

第二，尊重受害妇女的人格独立，提升她们的自信心。

第三，关注受害妇女的安全。

第四，与受害妇女建立信任、真诚的专业关系。

(2)干预的策略

第一，开展反对妇女暴力的综合干预行动，建立公检法司、城市、农村、医院、妇联、民间组织等综合行动计划、倡导立法综合干预模式。

第二，为受暴妇女提供各种形式的服务。对受到性骚扰、性暴力、性侵害的妇女进行心理上的帮助，并且提供个案辅导。

第三，建立受暴妇女支持小组，鼓励小组成员主动参与反暴工作，唤醒社会的理解和关注。建立对施暴人的干预机制，不仅从法律上更要从思想认识上帮助他们学习如何尊重妇女．制止其暴力行为。

第四，促进相关立法以及完善相关法律；向有关机构及其领导者、决策者进行倡导、宣传、培训；开展国家间以及政府和非政府组织间的合作；建立和完善对受暴妇女的社会救助机制；向大众进行重视妇女人权的宣传和教育，倡导社会构建尊重妇女的良好社会氛围。

(三)对流动妇女和留守妇女的工作

1. 为流动妇女群体提供的服务

第一，国家要完善社会保障制度，让流动妇女能够平等享受国家教育、医疗、就业、养老等资源，优化她们的生存和工作环境。

第二，将其视为社区中的一分子，针对她们的需求开展有针对性的服务，开展丰富多彩的文娱活动，使她们在劳累的工作之余有时间和空间放松自己。

第三，对她们进行职业培训，拓宽其就业途径。

第四，鼓励她们参与社区公益活动，促进其与本地居民的融合。

第五，给她们的孩子开办各种夏令营、亲子班以及课外辅导班等，缓解她们无暇顾及孩子的压力。

第六，社会工作机构致力于建立她们之间的社会支持网络和互助系统，增强她们一起争取各种权益的能力，为她们连接资源，提供就业咨询和心理辅导等服务。

2. 为留守妇女提供的服务

第一，从宏观的农村发展视野看，要在政策上倡导关注农业女性化带来的农业问题。留守妇女成为新农村建设的重要力量，应对其提供农业技术的培训，提高其农业技术水平，同时用政策和资源改善留守妇女的精神生活，并为其创造提供安全的生活环境，减轻其生活负担，增加资源以减少她们的压力和困难。

第二，社会工作者要深入农村开展工作，建立妇女组织，增强她们之间的互助。

(四)针对妇女生殖健康的工作

1. 妇女生殖健康的概念

生殖健康是指生殖系统及其功能和过程所涉及的一切事宜在身体、心理和社会方面的健康状态，而不是没有疾病或不适。其基本理念是人们能够有和谐、满意而安全的性生活，有生育能力，有权获得卫生保健和生育健康的知识与信息，有权享有必要和良好的健康服务。

妇女的生殖健康除了上述内涵之外，还包括妇女对自己健康权利的认识、权利的行使和能力。妇女的生殖健康涉及其整个生命周期的完好和安全状态，包括享有生命安全的权利、在整个生命周期达到身心健康标准的权利、享受基本的卫生保健服务的权利以及有能力抵御各种传播性疾病的权利。

2. 妇女生殖健康问题的成因

第一，将妇女当成传宗接代的生育工具，无视妇女作为人的权利。

第二，社会将妇女的人类生产作为一种私人的事情，因而不能像其他的生产一样给予应有的重视。

第三，社会为妇女生殖健康提供的资源有限。

3. 妇女生殖健康问题的干预

(1)妇女生殖健康问题的干预原则

①主体原则

妇女是生育的主体，对生育有权利，有权利对一切有损自己身心健康的生育要求和性生活说不。

②参与原则

妇女主动参与健康计划的制定和实施，而不是被动的承受者。妇女作为主体应该参与到关于妇女生育健康的规划和实施中去，因为针对妇女们来说，一个好的健康计划应该由当事人参与，而不是被别人决定，并成为政策被动的承受者。

(2)妇女生殖健康问题的干预策略

第一，建立妇女定期生殖健康检查的制度。国家政策严格规定妇女享有生殖健康检查的权利，应该有相应的财政预算和拨款加以落实，这项福利应该惠及所有应该检查的妇女。

第二，健全具有社会性别敏感性的妇女生殖健康的政策。具有社会性别敏感性的生殖健康政策应该是男女共同承担生育健康的责任和风险，不仅仅是女性。

第三，建立“以社区为基础，以妇女为中心”服务策略。具体包括以下几方面：依托社区，把生育健康工作内容直接落实到基层，落实到户和具体个人；向妇女提供卫生保健的知识与信息，提高妇女控制自身健康的能力；让社区中的妇女骨干人物在生殖健康工作中发挥核心的作用；增能妇女，培育妇女自助服务的意识和能力，建立妇女互助的健康小组。

（五）推进性别平等的工作

可以通过以下几种方法来推进性别平等的工作。

1. 宣传男女平等的基本国策

男女平等是妇女解放的重要目标，也是社会进步的一项重要指标，它是整个社会平等的一部分。男女平等国策的贯彻和执行就是社会性别主流化的过程。如果没有社会性别视角，就很难落实男女平等。

2. 宣传和贯彻马克思主义妇女观

马克思主义妇女观对女性的地位与作用有着较深的阐释，应该贯彻和宣传马克思主义妇女观。要认识到妇女和男性同样都是社会精神财富和物质财富的创造者，都是历史的创造者，不能忽视或者忽略妇女在历史发展中的作用。

3. 推动社会性别主流化的工作

(1)社会性别的含义

社会性别是指在一个特定社会中形成的对有关男性和女性的群体特征、角色、活动及责任等的观念。社会性别是由后天社会建构而成，在个人的社会化中以及社会制度中得到传递和巩固，它是一种社会关系，同时也是一种权力关系。社会性别是在人们的社会化过程中形成的，通过接受教育，男性和女性分别学习如何按照社会关于不同性别的要求和观念来规范自己的行为，以符合社会对有关男人和女人角色的定型。性别社会化的过程深深影响了女孩和男孩以及女人和男人和行为、态度和技能。

(2)社会性别分析和决策主流化

对任何领域的任何一个计划行动，包括立法、政策或项目计划等对女性和男性产生的影响进行分析，将性别分析纳入社会决策过程即是将性别问题纳入决策主流的过程。社会性别决策主流化是一个战略，把对女性和男性的关注、经历作为在政治、经济和社会等各领域中设计、执行、跟踪、评估政策和项目计划的不可分割的一部分来考虑，以使女性和男性能平等受益，逐渐消除性别不平等的现象，最终达到社会性别平等。

(3)推动社会性别分析和决策主流化的内容

强化性别意识、注重性别分析、维护性别公正、推动平等基础上的性别发展目标；采用为决策层、执行层、监察层和评估层提供性别意识训练、向政府宣扬社会性别观点的策略，通过自上而下、自下而上或者两者相结合的路径，使社会性别意识贯彻到社会公共政策之中，并使之上升到国家意识层面。

(六)推动妇女参政的工作

妇女参政包括权力参与、民主参与两个方面。推动妇女参政的工作包括以下几方面的内容。

第一，要倡导、监督保障妇女参政的立法和维护法律、政策的贯彻执行。

第二，建立具有性别敏感性、推动妇女参政以及为妇女参政的指导思想和理论体系，完善民主政治生活，为妇女创造更公平和有性别敏感性的政治参与机制。

第三，在微观层面推动基层妇女民主参与和权力参与，这个过程是一个整体社区发动、意识提升、妇女能力增长的过程，也属于社区工作的一部分。

(七)维护妇女权益的工作

1. 维权的内容

维护妇女合法权益,就是使宪法等各项法律赋予妇女的权益,在她们生活的方方面面得到充分落实。

《中华人民共和国妇女权益保障法》中明确规定了要维护妇女的政治权利、文化教育权利、劳动权益、财产权益、人身权益、婚姻家庭权益、计划生育权益等。

2. 维权的途径

第一,倡导、督促健全维护妇女权益的机制。

第二,向社会以及妇女们宣传各种维护妇女权益的法律知识。

第三,调查研究妇女权益状况,为健全和落实权益保障立法提供事实依据。

第四,提供服务,落实妇女权益,并研究妇女权益的落实状况。

(八)针对妇女就业问题的工作

第一,需要有针对性地进行技术培训,扩大就业岗位。

第二,要呼吁政策和法律加强对就业的妇女在报酬、职业健康和福利等方面的保障。

针对流动妇女人群更要强调包括性别平等在内的社会平等;没有社会平等的大环境,只谈性别平等不能真正改善流动妇女人群的生活境况。

(九)针对妇女贫困问题的工作

第一,来自国家层面的政策支持,预防贫困的出现以及对贫困的政策支持和资金扶持。

第二,妇联和民间组织用小额贷款和农村综合发展等形式缓解妇女的贫困状况。

二、妇女社会工作的方法

(一)妇女小组工作

妇女小组工作简单来说就是将小组工作方法运用于解决妇女个人问题、妇女个人和群体成长与完成社会目标的一种专业服务。如果以蕴涵性别意识的程度来对小组分类,由弱到强,可以将工作者发起的小组分为无性别意识的小组、妇女为本的小组、家庭为本的小组、女性主义小组工作、男性小组。这几类小组工作在理论、方法、服务发展方面都有所不同。

1. 无性别意识的小组

无性别意识的小组关注的问题是两性共同具有的,解决问题的出发点是认为两性无差别,组员男女都有。在小组中不会触及两性不同处境与所关注问题的产生与解决的关系。这类小组以关注技巧学习的教育性小组及关注个体问题解决的治疗性小组为多,尤其是一些以心理学理论为基础的小组,很少考虑性别的作用。其所依据的理论和方法是一般小组工作理论、特定治疗理论与方法,小组主题与目标遵循社会工作的传统和特定治疗理论的假设,如一些沟通技巧训练小组、减压小组。还有一些以社区为本的成长性小组,视妇女为社区资源,小组目标是挖掘妇女参与社区、服务社区的潜能。典型形式是在小组里为妇女提供义工训练、领袖训练。在中国,这类以社区为本的小组则更加注重回应政府的要求。

2. 妇女为本的小组

妇女为本的小组的出现与女性主义运动密切相关。小组的共同特点是关注妇女自身的成长,肯定女性的经验,理解和分享女性经历,强化女性的身份认同、自我形象和自尊感,鼓励其看到自己的成绩，为自己进行的工作要求获得支持与资源。

3. 家庭为本的小组

家庭为本的小组关注妇女在家庭中的角色，所选取的主题多是围绕妇女在扮演妻子、母亲、儿媳、老人照顾者的角色时所产生的压力与冲突，目标是增进妇女的精神健康，促进其角色功能的发挥，从而强化家庭的功能。这类小组以支持性和成长性的类型为多，其所依据的理论和方法与无性别意识的小组相近，不同是小组主题多与妇女所承担的社会角色相关，组员绝大多数为女性。

4. 女性主义小组

女性主义小组以女性主义理论为指导。在所有小组中，在所有主题中，不论组员是男性还是女性，都坚持女性主义理论是理解社会问题和解决社会问题的基础，认为彻底解决由性别偏见及其他压迫和剥削造成的多重伤害，必须改变社会政治结构。强调女性服务使用者的问题是政治的、社会的和经济的，与妇女不平等的权力、地位、选择有关。坚信很难由一个工作者来提供服务，常常需要一个团队才能完成，并且服务要表达妇女的需要而不是让妇女适合现存的服务。女性主义小组特有的小组模式是提高觉悟小组。它产生于20世纪60年代的美国，产生的根本原因是妇女们对社会当中男女不平等的反抗，另一个相对次要的原因是传统的心理治疗方法忽视妇女，不能满足妇女的需要。这类小组设计成非领导的，无等级的，让每个组员都有机会充分表达自己，并参与决策；组员轮流领导小组，讨论的话题不仅仅包括妇女受压迫，还包括妇女关注的其他话题；组员通过熟人宣传、妇女出版物和妇女组织来招募。

5. 男性小组

随着女性主义运动的影响日益扩大，信守女性主义理论的社会工作者开始了改变男性的探索。20 世纪八九十年代，社会服务团体开始关注男性所面对的问题，推行多种男性服务。这些服务大致上可分为两类：第一类是针对有特定问题的男性，如家庭暴力的施虐者、失业者等；第二类是针对一般男性的问题，男性角色、父亲角色等。服务的主要目的是透过改变男性而改善家庭关系，其工作取向主要集中于关注“男性化的代价”。不过，以女性主义理论为指导的男性服务，强调对男性开展工作是为了提高女性的生活质量，解决他们由于男性气质而产生的自身问题，避免成为大男子主义者，更好地掌握人际关系，消除所谓男性不需要帮助和支持的社会传统期待，降低攻击性倾向。

(二)妇女个案工作

在女性主义者看来，妇女个案工作过程就是聚焦妇女本人，把她当作成年人，一个独立个体，帮助她阐明自己的情境，她对自己的看法，她的生活中发生了什么，她的感觉和可能的选择，而非女性主义取向的社会工作，倾向于强调妇女所扮演的家庭与社会角色，强化其照顾者的身份，忽略妇女自身需要。

1. 妇女个案工作过程特点

妇女个案工作在预估中须包括相关社会政策的信息、社会默认和期待。妇女的问题多与其照顾子女和家庭的责任有关。妇女的这些工作被社会低估，得不到男性和社会政策的支持，是妇女问题产生的重要原因。如果看不到这一点，个案工作非但不能增进妇女福利，还会因将问题归因于妇女个人能力欠缺而加重妇女的自卑感与负担。

在计划与实施阶段，工作者要有效地强化女性的身份认同、自我形象和自尊感，鼓励她们看到自己的成绩，为自己所进行的重要工作获得支持和资源。传授持家技巧、亲职技巧，要在认可妇女自身需求的前提下进行。

2. 妇女个案工作技巧

《美国社会工作百科全书》中对女性主义社会工作个案技巧做了详细阐述。

(1)预估技巧

第一,避免从现有框架和抽象变量开始。

第二,要服务对象写下社会化历史。

第三,相信妇女的故事;聚焦于条件和环境。

第四,探讨服务对象所用词汇和所讲事件的意义。

第五,探讨意识形态和物质上的障碍和机会。

第六,与服务对象固有的追求健康的渴望和努力结盟。

第七,辨识个人和文化的优势模式。

第八,分析在工作者—服务对象关系上的权力运作。

第九,分析服务对象处境中的权力运作。

第十,用梦、幻想和故事来使优势和力量浮现。

第十一,分析和突出要改变权力关系和角色关系的想法。

第十二,辨识某些内化的观念的后果。

第十三,认可事务的相关性。

第十四,运用根植于服务对象真实和想象的现实中的符号、传说、仪式。

(2)建立关系技巧

第一,鼓励服务对象表达个人化的经验,讲自己的故事。

第二,要确保满足服务对象的基本需要与安全。

第三,运用的语言能够表达向往的现实。

第四,从服务对象的“此时此地”开始。

第五,减少工作者与服务对象在实际和符号上的地位差异。

第六,认同特定服务对象的“专家知识”。

第七,与服务对象建立合作伙伴关系。

第八,赞许关系中的相互性。

第九,尊重防御与否认,认可其在心理安全上的功能。

第十，涵扩所有层面：生理、认知、情感、社会、灵性和文化。

第十一，促进权利感。

(3)行动技巧

第一，传授互动技巧，包括面质。

第二，鼓励阅读肯定妇女的专业书籍和流行读物。

第三，运用服务对象的杂志、创造性写作、艺术、舞蹈、游戏和戏剧。

第四，运用自然的或建立的支持和行动组织。

第五，将以任务为中心的解决具体问题与表达性的过程结合。

第六，传授达成共识的决策模式。

第七，寻找和打造围绕已存治愈和援助模式的实践。

第八，为自我肯定和发挥个人力量创造机会。

第九，鼓励和传授个人责任和集体行动。

第十，将创造选择作为实务目标。

第十一，重视和分析过程。

第十二，通过合作和集体行动来改变压迫性的结构，获得政治力量。

第十三，传授自我倡导。

第十四，创造和增强那些为大家工作的联结，质疑那些没有这种功能的联结。

第十五，推动男性去分析和分享权力及特权。

第十六，使女性的优势与文化显现在环境中。

第十七，聚焦于(经济、文化、身体)项目与服务的可获取性。

第十八，以团队和集体方式实践。

第十九，在组织结构、过程和项目设计中体现实务原则。

第二十，将多样性整合进实践过程与环境中。

(三)妇女社区工作

妇女社区工作强调建立社会支持网络，特别是在那些存在时间较长的小组间建立沟通与联系的网络，会大大扩展小组的资源

与影响力，弥补社会工作服务的不足。妇女社区工作的重要技巧是倡导，

在社区工作这类宏观社会工作方法中，倡导是社会工作实务中的基础内容之一，指的是社会工作者为了确保社会公义，站在一个或多个服务对象，或某些团体和社区的立场上，直接从事代表、捍卫、介入、支持或提建议等活动的过程。倡导的前提是环境阻碍服务对象自决或引起了社会不公，并需要变革。倡导在不同时期运用的显著程度不同，主要是受当时主流的政治、经济环境及社会工作专业理论影响。例如，在20世纪四五十年代的美国，个案工作是主流实务模式，倡导的方法就很少提及，而到了90年代，政府奉行的新自由主义政策削减了很多福利经费，对社会工作服务对象的影响很大，倡导开始受到重视，美国社会工作者协会（NASW）开始推动社会工作者投身政治舞台，参与选举与游说活动，也有社会工作学院开始提供政治参与的课程和实习。

倡导的核心是搜集信息。在倡导一项政策前，一定要充分了解情境、政策、公众观感、服务对象与环境的互动，以及其他有关问题，要了解服务对象的背景和呈现的问题，要了解服务对象所在社区的问题与人口特征，有了这些资料才可以进行预估和发展社区策略。

倡导在宏观微观上都有表现，微观上指的是为了要满足一个服务对象的需求，而要求变通某种服务提供方式；宏观上是指游说、运用传媒等方式影响政策的制定。微观与宏观倡导是密切相关的，微观倡导能够提供详细的信息来展示一项社会政策运行过程中对某些服务对象的不公，社会工作者运用这种信息来进行宏观倡导。不过宏观层面的倡导通常进展缓慢，政策的制定和修正都需要相当长的时间，所以许多基层社会工作者并不愿承担倡导者的角色，并且没有倡导的意识，社会工作者其实在失去专业核心特征。

妇女社会工作中那些遵循女性主义理论的实践通常会采用倡导的方法，这与女性主义理论主张结构性变革是一致的。

第四节　妇女社会工作的本土化探索

要想厘清当代中国妇女社会工作的发展脉络，回顾和反思西方国家妇女社会工作发展路径可以给我们提供有益的借鉴。

一、西方妇女社会工作

概括来说，西方国家妇女社会工作的发展特征大体可以归结为以下几点。

(一)理论先于实践

西方国家的妇女社会工作首先是源自于女性主义的倡导，这意味着西方国家的妇女社会工作首先是因为女性主义在理论上进行大力鼓吹，然后，才进一步应用到了实践之中。

(二)女性主义为本

西方国家的女性社会工作服务在理论上主要是以女性主义为指导，这是一个非常显著的不同点，女性主义本质上就是一个西方的产物。

(三)个人主义为本

西方国家的价值本位是个人主义，个人主义更加注重的是个体的自我实现，这种价值观体现到社会工作中非常明显，妇女社会工作在西方同样更多的是以个体的自我诉求为主导。

(四)权力为本

因为女性主义的政治色彩，因为女性主义的政治诉求，所以，政治始终是女性主义的关注核心，而权力又进一步构成了政治的核心，所以，在妇女社会工作中，权力理所当然地形成了社会工作的努力目标。

(五)政治诉求为主

因为西方国家的妇女社会工作主要是以女性主义为理论指导,而女性主义本质上是一种街头运动所演化出来的政治理论,所以,政治的诉求在女性主义运动中表现得非常强烈,这个特征不可避免地体现在了妇女社会工作的目标之中。

(六)男性主义觉醒

西方女性主义的深入发展还带来了一个副产品:男性主义的觉醒。男性主义的兴起一方面源自于许多男性不满女性主义对男性形象的激进批判;另一方面,男性主义的产生更主要的还在于男性群体开始了对自身的深入反思,发现了更多男性的特质和问题。妇女问题的解决毕竟离不开男性的参与,而被男性主义洗礼过的男性的加入更是为西方的妇女社会工作带来了许多改变。

(七)自下而上

西方社会特定的历史和社会状况决定了西方国家中政府与社会的微妙关系,公民社会的逐步成熟同样带来了政府与社会关系的再调整。大体来说,西方国家市民的自觉自发程度相对较高,自我权利意识相对较强,因此,自下而上的发展态势就成了西方妇女社会工作的一个突出特征。

(八)激进革命

西方女性主义本身就是一个相对比较激进的派别,这必然给妇女社会工作添加上了激进的特色,这种激进同样也影响到了西方妇女社会工作的方式和策略选择,比如社会行动,这常常构成非常具有西方特色的介入方式。

(九)性别叠加阶级和种族、年龄

性别的问题最初也是从西方国家被发掘出来,并逐渐进入社会主流，不过，西方国家对性别问题的发现主要还是在女性主义的背景之下，相应地，性别被赋予了浓厚的政治色彩。在目前的主流社会学中，性别已经和阶级、种族相互叠加起来，共同构成了对人类群体分化和不平等的主要分析范畴。

二、我国妇女社会工作的反思

我国的妇女社会工作一开始就走上了一条和西方国家完全不同的道路。具体说来，我国妇女社会工作的特征主要有以下几点。

(一)实践先于理论

目前，我国社会工作发展的总体态势主要呈现为实践先行局面，妇女社会工作亦是如此。目前，妇女社会工作在我国缺乏足够的理论建构，而妇女社会工作的实践已经开始，并很有成效。

(二)马克思主义为本

我国的主流意识形态是马克思主义，因此，妇女社会工作在我国的开展，主要指导思想就是马克思主义。

(三)集体主义为本

我国的主流文化中集体主义占据了主导，尽管个人主义的影响正在不断加剧，相应地，在社会工作服务中，对于案主目标的设定上，集体而不是个体成为主要服务目标和对象。这种改变也决定了我国与西方在妇女社会工作的策略抉择上的分歧。

(四)行政诉求

目前的中国社会建设和社会体制改革刚刚起步，政府的影响力依然很大，因此，整个社会工作更多地受到了行政的影响，妇女社会工作同样如此，行政化的色彩是妇女社会工作乃至几乎所有当代中国社会工作的基本底色。

（五）男性不自觉

妇女自身不觉醒，主要原因也在于传统社会男权意识的主导统治，这种深厚的传统不仅窒息了现代女性性别意识的苏醒，同样也寂灭了男性现代性别意识的觉醒，男女双双不自觉构成了我国妇女社会工作的浓厚背景。

（六）性别被遮蔽

在西方国家，性别成为一个非常重要的分析范畴和斗争武器，而在我国，性别依然不是一个主流范畴，性别的问题更多地淹没在其他公共需求和宏大叙事之中。性别的敏感度依然非常薄弱，妇女自身觉醒相应严重不足。

（七）生活为本

正因为保守改良特色深重，所以，在具体服务内容上，我国妇女社会工作主要致力于现实生活问题，而不同于西方国家对于政治问题的过度热衷。

（八）自上而下

传统文化的根深蒂固同样也阻碍了公民社会的成长，在这种强政府背景之下，社会工作的推动是以不同于西方的另外一条路径来沿革，这条路的主要方向就是自上而下。一个很值得思索的问题是：我国的自上而下和西方的自下而上这两种路径究竟应该如何看待？

（九）保守改良

因为公民社会发育的滞后，所以，公民自身的权利意识觉醒程度明显不足，这进一步影响到了妇女社会工作目标的制定。相对来说，我国妇女社会工作的目标更多地致力于问题解决以及支持性需求的满足，发展性乃至政治性诉求存在不足。

第八章　残疾人社会工作

残疾是人类社会发展过程中必然的社会现象。关心残疾人、做好残疾人社会工作,是社会文明进步的重要标志,也是构建社会主义和谐社会的重要环节。

第一节　残疾人概述

一、残疾人的概念

《中华人民共和国残疾人保障法》第二条明确指出,“残疾人是指在心理、生理、人体结构上,某种组织、功能丧失或者不正常,全部或者部分丧失以正常方式从事某种活动能力的人。残疾包括视力残疾、听力残疾、言语残疾、肢体残疾、智力残疾、精神残疾、多重残疾和其他残疾。国家和社会在保障残疾人基本物质生活需要的基础上,为残疾人在生活、工作、教育、医疗和康复等方面提供设施、条件和服务。”

二、残疾人的需要

(一)残疾人的具体需要

残疾人普遍经受着生理、心理和社会问题的困扰。根据马斯洛的需要层次理论,残疾人的需要主要包括以下几个方面。

1. 基本生存的需要

许多残疾人或残疾人家庭,因高额的康复治疗费用,加之就业困难，往往处于贫困边缘，需要社会保障体系的救助以维持基本生存需要。

2. 治疗康复的需要

无论是先天残疾还是后天致残，许多残疾人都表现为身体组织构造或生理、心理功能方面的缺损和丧失，需要生理、心理或精神层面的治疗和康复。

3. 接受教育的需要

教育既是包括残疾人在内的公民的基本权利，又是减轻因残疾带来的社会功能障碍影响的重要途径，因此需要关注并着力解决残疾人的教育问题。

4. 社会交往的需要

人是群居动物，尽管部分残疾人因为躯体、生理、心理等功能缺失而导致人际沟通困难，但是这并不能阻止残疾人与他人交往、参与社会活动和被社会接纳的渴望。

5. 家庭生活的需要

许多残疾儿童从小遭到父母抛弃，成为社会孤儿；有些残疾青年，因为残疾而无法恋爱结婚；有些残疾夫妻，家庭生活困难重重。这些残疾人对幸福生活的渴望往往超出常人的想象，需要社会的关注和他人的关爱。

6. 职业发展的需要

现代社会中，人的职业发展是人的生涯发展中最核心的内容，关系到社会地位、经济收入、家庭生活、价值实现等诸多问题。而在现实生活中，残疾人的就业机会、工作条件、收入水平等都不容乐观，需要予以关注和改善。

7. 价值实现的需要

多数残疾人只是身体、生理某一部分的功能缺失，但这并不妨碍个人基本功能的发挥。事实证明，很多残疾人的残疾部位因为长期行使着替代功能，所以能力往往超过常人，很多人在各自的舞台上取得了非凡的成就。这足以说明残疾人的潜能是巨大的，残疾人工作者要协助其实现个人的人生价值。

（二）满足残疾人需要的社会意义

残疾人是弱势群体中的弱势人群，他们自身缺乏满足需要的能力和途径，因此国家和社会成为其需要满足的重要协助者。满足残疾人需要具有极其重要的社会意义。

1. 满足残疾人需要体现了以人为本的理念

以人为本注重人的全面公正发展，它是人类社会永恒的价值理念和基本的行为准则，也是构建和谐社会的重要原则。残疾人群体是一种生理性弱势群体，由于其自身的生理缺陷，他们在社会竞争中处于不利地位，就业困难，生活贫困。社会的人权和公正，首先就表现在生存权、就业权、受教育权和社会保障权等基本权利。满足残疾人这一特殊困难群体的需要，正体现了以人为本、社会公正的基本原则。

2. 满足残疾人需要是社会文明进步的标志

随着改革的不断深化，各阶层收入差距不断拉大。社会中的弱势群体特别是残疾人群体由于自身条件的限制，易于出现与整个社会发展不和谐的现象，影响到社会能否真正和谐发展。采取积极的政策措施，进一步注意兼顾残疾人这个特殊困难群体的直接的、现实的，甚至长远的利益，才能实现全面的社会和谐，推动社会的文明进步。

3. 满足残疾人需要可以维护社会稳定

残疾人群体是社会中的特殊困难群体，生活压力大、经济承受力低、风险抵御力弱。随着经济的发展，社会贫富分化逐步加大，在社会竞争中处于劣势的残疾人最先也最强烈地感受到社会改革和社会发展带来的成本与代价，感受到生活的压力和心理的不平衡感。因而在这一庞大群体中蕴藏着诸多的社会不稳定因素，只有在发展经济的同时，大力推进残疾人福利政策，才能更好地化解矛盾，促进社会稳定。

4. 满足残疾人需要能够推进社会福利制度的发展

社会福利制度的发展方向是从“小福利”向“大福利”时代的转变，即从特殊群体享有的福利面向所有的社会成员多方面的福利需求，其中包括就业保障、养老福利、健康福利、住房福利等。“大福利”时代的到来，社会福利制度不仅保障残疾人的基本需要，更致力于全面满足残疾人的特殊性需要。残疾人需要满足的过程也是推进社会福利制度的完善与提升的过程。

5. 满足残疾人需要能促进社会发展

除了满足残疾人基本的物质需要外，还要给他们以安全感和尊重感，逐步实现残疾人的自身价值。尊重是对一个人价值的承认，每一个社会成员都希望自己在社会生活中发挥应有的作用，希望凭借自己的知识与能力获得他人和社会的承认，这一点对残疾人来说尤其重要。单纯地给予残疾人人道主义的同情还不够，更重要的是解除残疾人自身及其家庭的心理压力，帮助其调整因残疾而产生的社会心理失衡。这种失衡得到调整，必然会给残疾人及其家庭带来自强不息的动力。

三、残疾人观

（一）残疾人观的概念

残疾人观是指人们对残疾人和残疾人问题的总看法和基本

观点，是一定历史时期内社会主流意识对残疾人的认识和态度。如何认识和对待残疾人与残疾人问题，是衡量社会文明进步程度的重要标准之一。

(二)中西方残疾人观的发展演变

1. 中国残疾人观的发展演变

中国对残疾人的观念和态度经历了诸多变化，具体可归纳为以下三个阶段。

第一，将残疾人视为“残废人”的阶段。新中国成立之前，残疾人始终处在社会的最底层，被认为是家庭和社会的包袱。在一个依靠体力劳动来维持生存的社会中，健壮的体魄是最有价值的“资本”。残疾人由于其缺陷或特定方面的劣势而不可能成为这场竞争中的胜者，并由此被认为是无能的、是废人，被当成家庭和社会的累赘，因而被排斥在主流社会生活之外。在相当长的历史时期内，残疾人一直处于自生自灭的状态。

第二，将残疾人视为社会弱者的阶段。新中国成立之后，残疾人的整体生存状况得到了改善，由沿街乞讨、流离失所进入了由政府收养救济的阶段。虽然这一时期残疾人的境遇已有了很大转变，但社会并没有形成对残疾人的正确认识，始终抱持着一种同情和怜悯的态度，更多地把残疾人事业看成是慈善事业。因而，在很大程度上残疾人仍然是社会中的“边缘人群”，靠国家和社会救济或收养。

第三，将残疾人视为平等社会成员的阶段。随着对残疾人的认识逐步深化，我国在接受联合国《关于残疾人的世界行动纲领》的同时，也引进了“平等・参与・共享”的思想。这一理念要求首先将残疾人视为平等的社会成员，这样才能真正给残疾人以参与社会生活的机会和空间，而后，以“平等”的资格公平“参与”，使“共享”成为可能。在此理念的影响下，我国的残疾人事业发生了质的改变。工作内容从单纯的收养救济发展到康复、教育、就业、体育、扶贫、法律服务、无障碍环境、用品用具服务等多个领域。残疾人已不再将温饱作为自己的生活目标，而是作为一个正常的普通人，追求生活质量，实现自己的人生价值。

2. 西方残疾人观的发展演变

西方社会对残疾和残疾人的态度可分为三个不同的历史阶段。

第一，将“残疾人”视为正常人的对立面的阶段。在西方社会早期，残疾人被视为病态的、不能独立的、需要被“治疗”和救济的群体，他们不能以有意义的方式贡献社会，并且个人应该对残疾与障碍负责。社会公共设施与服务都是为满足非残疾人的需求而设计的，残疾人要么通过自身的努力适应社会的要求，要么被安置到单设的机构或者为其提供替代性服务。社会不是改变设施或调整服务以适应残疾人，而是通过医疗卫生服务、社会福利和慈善救助等项目尽力帮助残疾者重建身体功能，以使他们适应“正常的”社会机制。

第二，将残疾人视为受社会功能障碍困扰的正常人的阶段。伴随着人类社会的发展和文明的进步，人们逐渐认识到残疾人所遭遇的困难是社会造成的，是不健康的残疾人观念与社会政策共同造成了对残疾人普遍的社会排斥与隔离。在这一阶段，残疾人也被视为社会财富的创造者，社会主张通过改变设施和环境来适应残疾人，主张通过辅助手段帮助残疾人补偿部分缺失机能，消除物质和环境给残疾人造成的各种限制和障碍，促进残疾人参与和融入社会生活。

第三，将残疾人视同为健全人的阶段。现代西方残疾人观认为，残疾人作为社会的一部分，与健全人一样应当享有与生俱来的基本人权，不仅是社会的参与者，而且也是各种权利的享有者。残疾人是公民权利主体，国家理应在立法中明确残疾人在教育、就业、选举、文化生活等方面的权利，以及这些权利被侵犯后的救济途径和措施。

(三)新残疾人观

1. 新残疾人观的主要内容

新残疾人观是残疾人工作长期实践经验的总结，它包括以下七方面内容。

第一，残疾人在现代社会的条件下不再是社会的负担而是社会物质与精神财富的创造者，推动社会前进不可缺少的力量。

第二，通过现代社会提供的各种补偿条件，残疾人能够以适合自己的方式认知世界，掌握知识与技能，在不同层面上达到与健全人一样的认知广度与深度。

第三，残疾人和健全人一样具有与生俱来的公民权利，包括生存的权利、受教育的权利、康复的权利、劳动的权利、娱乐的权利、爱与被爱的权利以及得到各种社会补偿的权利，并履行自己应尽的义务。

第四，“残疾”不是造成残疾人问题的根本原因，社会为残疾人提供的条件不够，而使残疾成为一个问题。因此，社会要为残疾人提供各种补偿条件，使残疾人无障碍地接受教育，参加生产劳动，参与社会生活，在事实上享有公民权利，这是政府及社会的责任。这是社会文明进步的标志，是我国人权普遍化原则的重要体现。

第五，实现“平等充分参与”的局面是政府、社会及残疾人双向的责任。残疾人要发扬自尊、自信、自强、自立精神，在社会实践中创造自己，发展自己，实现自己的人生价值、社会价值。

第六，残疾人的残疾是为人类文明和社会进步付出的代价。要善待残疾人，建立残疾人群体与其他社会群体相互融和的关系，做到人人平等、人人参与、人人共享，这是我国社会发展的方向。

第七，残疾是人体的一种遗憾，所以要加强残疾预防。但残疾并不构成人性的差异，奋斗精神的差异，为人类做贡献的差异。

相反，由于残疾的磨炼，残疾人往往具有更加坚强的意志，更加宽容的胸怀，他们更加渴望社会祥和、稳定、繁荣。

2. 新残疾人观的启示

新残疾人观为我国提供了一种认识残疾的全新视角，带给我们一种全新的理念。

(1)将残疾人视为人类多样性的表现

残疾人与非残疾人除了机体与功能的差别之外，并无二致，就像男女两性差异一样，残疾人与非残疾人构成了人类的多样性。因为，缺陷和差异也是一种美。

(2)将残疾视为个人生命历程的一部分以及人类社会中的常态化现象

在现代社会，残疾作为一种健康的减损和社会排斥的结果，已成为个人生命历程的一部分以及人类社会中的常态化现象，而非隔离的少数人群的特征，是个人与社会环境之间动态互动的结果，需要全体社会成员共同去面对、去承担。

(3)平等享有与非残疾人一样的公民权利

残疾人和非残疾人一样，享有平等的公民权利而不受歧视。这一权利是与生俱来的，它不是恩赐和被施舍的，而是法律赋予的。

(4)尊重和接纳残疾人的尊严和价值

与非残疾人相比，残疾人处于相对劣势，他更需要保有自己的尊严，渴望获得他人的尊重。与此同时，非残疾人要尊重和接纳残疾人的价值，不要将自己的价值强加于他人，也不要以自己的价值来妄加评判。

总体来说，新残疾人观阐明了残疾人事业与社会环境的关系，将人们对残疾和残疾人的认识提高到一个新的水平，有助于残疾人与健全人建立新型人际关系，有助于残疾人平等、充分地参与社会生活的各个方面，有助于增强残疾人社会工作者的服务意识，更好地为残疾人服务。

四、中国残疾人的构成

根据《第二次全国残疾人抽样调查主要数据公报》，我国残疾人占全国总人口的比例为 6.34%，总数约为 8 300 万。按照性别、年龄、地区分布、受教育程度等要素分类，残疾人所体现的人口学特征包括以下几个方面。

（一）残疾人口的年龄构成

在全国残疾人口中，0～14 岁的残疾人口为 387 万人，占 4.66%；15～59 岁的残疾人口为 3 493 万人，占 42.10%；60 岁及以上的残疾人口为 4 416 万人，占 53.24%（65 岁及以上的残疾人口为 3 755 万人，占 45.26%）。

（二）残疾人口的性别构成

在全国残疾人口中，男性为 4 277 万人，占 51.55%；女性为 4 019 万人，占 48.45%。性别比（以女性为 100，男性对女性的比例）为 106.42。

（三）残疾人口的城乡分布

在全国残疾人口中，城镇残疾人口为 2 071 万人，占 24.96%；农村残疾人口为 6 225 万人，占 75.04%。

（四）残疾人口的受教育程度

在全国残疾人口中，具有大学程度（指大专及以上）的残疾人为 94 万人，高中程度（含中专）的残疾人为 406 万人，初中程度的残疾人为 1 248 万人，小学程度的残疾人为 2 642 万人。15 岁及以上残疾人文盲人口（不识字或识字很少的人）为 3 591 万人，文盲率为 43.29%。

(五)残疾人口的残疾等级构成

在全国残疾人口中，残疾等级为一、二级的重度残疾人为2 457万人，占29.62%；残疾等级为三、四级的中度和轻度残疾人为5 839万人，占70.38%。

(六)残疾人口的婚姻状况

在全国15岁及以上残疾人口中，未婚人口982万人，占12.42%；在婚有配偶的人口4 811万人，占60.82%；离婚及丧偶人口2 116万人，占26.76%。

第二节　残疾人的心理特点与社会工作介入

一、残疾人的心理特点

(一)残疾人普遍存在的心理特点

残疾人心理是社会人群心理中一个比较特殊的类型，与健全的正常人心理相比较，残疾人的心理表现为以下两大特点。

1. 有较强的自我意识

残疾人，特别是感官与肢体残疾而智力发展正常的残疾人，他们自身的生理条件往往会引起别人的注意，他们也明显感受到自身与正常人的差异，这种情况会更多地促使他们的意识处在客观的自我知觉状态中。残疾人在这种状态中会反复地把实际的自我与理想的自我加以对比，将自身与别人进行对照，他们在不断的自我评价中首先会感受到在生理层次上明显的自我缺陷。他们感受到自己低人一等，在心理上更容易出现自卑、孤单、怨天尤人的消极情绪体验。因此,残疾人一般有较强的心理防御机制。他们往往把自己封闭起来,害怕受到别人的伤害,但他们又时时渴望得到别人和社会的理解和同情。在情感上他们比健全人更加渴望获得友爱和帮助,在社会生活中他们更为关注自己能否得到别人的尊重和重视。

2. 有较强的心理补偿能力

除了有严重智力残疾和精神病患者的残疾人之外,一般的残疾人因自身某些生理上的缺陷,会通过其他方式进行功能上的补偿。残疾人往往会调动自身其他的生理器官或通过人为的方式对自身的生理缺陷进行功能上的补偿。例如,盲人双眼看不到世界,但盲人要想了解世界,就需要调动身体的其他器官来补偿双眼的缺陷,他们用手摸、用耳听、用鼻嗅。失聪的聋哑人既听不到声音又不能讲话,为表达思想或用手语,或用口形、眼神来替代说话的功能。一些残疾人失去双腿,他们可以用拐杖和坐轮椅,以补偿运动的功能。残疾人的这种功能互补效应,可使用于补偿的某些器官发挥出超常的功能。这种生理功能补偿现象,是残疾人在长期的生活实践中受到锻炼和强化的结果,使他们在一定程度上克服生理或心理上的缺陷,从而保证生活学习的需要。

(二)不同类别残疾人的心理特点

残疾人可以分为视障残疾人、肢残残疾人、听障残疾人和智障残疾人等类别,这些残疾人在共通的心理特征之外,还具有自己的心理特点。

1. 视障残疾人的心理特点

视障残疾是指由于各种原因使视觉器官或大脑视觉中枢的构造或功能发生部分或完全病变,导致双眼不同程度的视力损失或视野缩小,甚至丧失的残疾,视功能难以像一般人一样在从事工作、学习或进行其他活动时应用自如。根据我国“视力残疾标准”，双眼中好眼的最佳矫正视力低于0.05或视野半径小于10度的人属于视障残疾人。

视障残疾是一种比较特别的残疾类型。由于视觉的重要性和独特性，其他生理器官对它的补偿功能往往较为有限，因此，视障残疾人对于外界的感知和认识较其他类型的残疾人更为狭窄和片面，这就导致他们的多种心理反应更为强烈。具体来说，视障残疾人的心理特点包括以下几方面。

(1)缺乏安全感与依赖性

由于无法获得足够的信息，视障残疾人需要更长的时间，并且在别人的帮助下才能够熟悉乃至逐渐掌握自己周围的环境。如果他们处于一个陌生的环境中，往往会显得手足无措，甚至是恐慌。视障残疾人较其他类型的残疾人更为缺乏安全感，他们常常会因无法了解而害怕。也正是这个原因，视障残疾人的依赖性比较明显。他们认为自己应该得到他人的同情和保护，害怕别人冷眼看待自己，对同情和愿意帮助自己的人表现出极大的信任，把他们作为精神的依托和依赖的对象。这种依赖的心理使得很多视障残疾人不愿独立。

(2)孤独心理较强

人类的知识和信息中大约有80%是通过视觉途径获得，视障残疾人由于不能通过视觉进行有效的学习和模仿，信息来源极其有限；再加上行动受限制，看不到自身行为的结果，因而总是很被动，这些都影响了视障残疾人与其他人的交往。因为看不见，很多视障残疾人经常处于唯恐有失的焦虑状态中，怕别人讨厌自己，怕给别人添麻烦，不愿与其他人交朋友，长期把自己关在家里。他们强烈地感到别人的疏离，久而久之，孤独感就会油然而生，并且随着年龄的增长日益增强。

(3)自卑心理较强

视障残疾人由于生理缺陷，几乎都经历过自卑的痛苦。他们在学习、生活和就业等方面所遇到的困难不仅比健全人多得多，较之其他类型的残疾人也更为艰难。很多残疾人从他人，甚至是亲人那里得不到正确的帮助，有的还会受到歧视或遗弃；社会上一些人对视障残疾人的认识和评价也比较低，这些都会使他们产生严重的自卑感。很多视障残疾人不相信或认识不到自己的能力，认为自己的存在毫无价值，自卑、沮丧乃至于厌世。

(4)看待事物往往出现片面性和主观性的特点

视障残疾人由于视觉障碍，感知事物不完整，对于接触到的事物认识不充分、不准确，所以看待事物往往出现片面性和主观性的特点，先入为主，不易更改。对于新鲜事物的认知，他们很难相信别人抽象的描述，更愿意相信自己感受到的具体形象，尽管这种感受可能是不完整的。这种心理状态表现在行为上，就会出现偏执、固执的行为特征。

(5)情绪波动强烈

视障残疾人的情绪波动比较剧烈，表现为情绪大起大落，行为忽左忽右的极端现象。有些视障残疾人性格脆弱，很难控制自己的情绪和行为。如在做一件事情的时候，稍有收获就兴高采烈，一旦遇到挫折，就心灰意冷，觉得自己无能和失败，甚至对自己产生绝望的感觉。

当然，由于社会和个人因素的综合影响，上述心理特征对于视障残疾人而言并不是必然的。如果能够从生理缺陷所带来的负面心理状态中走出来，他们往往会表现出比健全人更加坚毅、勇敢和百折不挠的特点。

2. 肢残残疾人的心理特点

肢残残疾是指人的上下肢、躯干部分发生病变或残损，从而明显影响人的日常行为动作的身体残疾。肢残残疾包括上肢或下肢因伤病或发育异常所致的缺失、畸形或功能障碍，脊柱因伤病或发育异常所致的畸形或功能障碍，中枢周围神经因伤病或发育异常造成的躯干或四肢的功能障碍。肢残残疾人在感知、注意、记忆、思维等认知过程方面与常人并无明显的区别，但由于本身形体的损伤，某些能力的丧失和随之而来的社会角色、经济收入等的改变，以及社会上某些不正确的价值观所带来的不公正的态度，使得肢残残疾人在个性特征方面存在着不同于健全人的特点，这些特点主要通过一对对矛盾的过程呈现出来。

（1）孤独与交往

人际交往能力是在交往过程中不断提高的。肢残残疾人因自身行动不便或社会环境的制约，活动机会少，容易产生孤独的感觉。事实上，肢残残疾人渴望与人交往，他们希望参与各种活动，寻找、建立和谐的人际关系，希望获得友谊并满足自己精神上的需求。从心理学上讲，每个人都是天生的自我中心者，每个人都希望别人能承认自己的价值，支持和接纳自己，残疾人也不例外。

（2）情绪与理智

情绪是人对事物的态度的体验，快乐、愤怒、恐惧、悲哀是情绪最基本的四种表现，人的一切活动无不烙上情绪的印迹。肢残残疾人由于形体上的缺陷，容易过多地注意自己，对别人的态度和评论比较敏感，情绪反应强烈。另外，肢残残疾人因为行动不便，社会活动少，他们有更多的时间去思考问题，在很多事情的处理上更为理智和稳重，善于谋定而后动，思路也较为清晰。情绪与理智成为在肢残残疾人身上并存的矛盾特征。

（3）独立性与依赖性

独立意识是指个体希望摆脱监督和管教的一种自我意识倾向。作为一个心智健全的人，肢残残疾人也有强烈的独立意识。他们喜欢独立地观察、认识、判断事物，独立地思考和行动；渴望独立地安排自己的学习和生活；喜欢与同龄人聚在一起探讨问题、交流思想、更新认识；不喜欢别人过多地指责、干扰和控制他们的言行。但是由于行动困难带来的学习、就业问题，以及由此而带来的经济上不能独立等问题，使他们需要依赖别人的帮助才能解决某些力不从心的实际问题，但又不愿让人们看到他们的依赖性，这就体现出独立性与依赖性之间的矛盾。

(4)自尊与自卑

自尊是个体健全心理的支柱,自尊既包括对成就或自我价值的个人感觉,也包括他人对自己的认可与尊重。肢残残疾人同样也有尊重的需求,希望别人按照他们的实际形象来接受他们,并认为他们是有能力的。当他们赢得了人们的尊重时,其内心也会因自己价值的体现而充满自信。但是,当他们的这种需求得不到满足时,就会比健全人更容易产生沮丧和自卑的情绪。

事实上,只要条件允许,肢残残疾人可以从事许多想从事的工作和活动,从中得到成功和奋斗的乐趣。

3. 听障残疾人的心理特点

听障残疾是指由于各种原因导致双耳不同程度的永久性听力障碍,听不到或听不清周围环境声或言语声,以致影响日常生活和社会参与。听障残疾按照发生时间可分为先天性耳聋和后天性耳聋,按照发生原因可分为感音性耳聋(听神经受损)和传音性耳聋(声音传导通路损伤)。听力丧失并不能从本质上改变人的社会关系,也不能改变社会关系对个性形成的影响,只能说耳聋和由耳聋引起的语言障碍,会给他们的某些心理特征的形成带来一定的影响,从而使心理特征的某些方面显示出一定程度的带有普遍性的特点。诸如孤僻、自高自大或自卑、急躁、主观片面、猜疑心强、自私等。

4. 智障残疾人的心理特点

智障残疾指的是智力明显低于一般人的水平,并显示适应行为障碍的残疾类型。智障残疾包括两种情况:在智力发育期间,由各种原因导致的智力低下;智力发育成熟以后,由各种原因引起的智力损伤和老年期的智力明显衰退导致的痴呆。

(1)智障残疾的等级

世界卫生组织(WHO)和美国智能迟缓协会(AAMD)根据智力商数(IQ)及社会适应行为划分了智障残疾的等级。

①一级智障残疾(极重度)

一级智障残疾(极重度)的IQ值在20或25以下。其主要有以下几个特点。

第一,适应行为极差。

第二,面容明显呆滞。

第三,终生生活全部需由他人照料。

第四,运动感觉功能极差,如通过训练,只在下肢、手及颌的运动方面有反应。

②二级智障残疾(重度)

二级智障残疾(重度)的IQ值在20～35或25～40之间。其主要有以下几个特点。

第一,适应行为差。

第二,生活能力即使经过训练也很难达到自理,仍需要他人照料。

第三,运动、语言发育差,与人交往能力差。

③三级智障残疾(中度)

三级智障残疾(中度)IQ值在35～50或40～55之间。其主要有以下几个特点。

第一,适应行为不完全。

第二,实用技能不完全,如生活能部分自理,能做简单的家务劳动。

第三,具有初步卫生安全常识,但阅读和计算能力很差。

第四,对周围环境辨别能力差;能以简单方式与人交往。

④四级智障残疾(轻度)

四级智障残疾(轻度)的IQ值在50～70或55～75之间其主要有以下几个特点。

第一,适应行为低于一般人的水平。

第二,具有相当的实用技能,如能自理生活,能承担一般的家务劳动或工作,但缺乏技巧和创造性。

第三,一般在指导下能适应社会。

第四,经过特别教育,可以获得一定的阅读和计算能力。

第五,对周围环境有较好的辨别能力。

第六,能比较恰当地与人交往。

(2)智障残疾人情感与意志过程的特点

智障残疾人的情感长期不能分化,他们所感觉到的往往只是满意与不满意,在程度上没有多少细微的差别,情绪表现方式单调。同时,智障残疾人的情感经常与外界所给予的刺激不太相符。他们或者对生活中的重要体验较为肤浅或停留在表面,心境转移快;或者会因极小的事情而引起过分强烈的感情和过分持久的体验。智障残疾人情感上的另一个特点是情感调节功能减弱,在情感反应上有时会表现出许多病态特点,如情绪紊乱、亢进、感情淡漠等。

智障残疾人往往意志比较薄弱。在行为上有较强的依赖性,不主动,不善于管理自己的行动,不会抗拒诱惑或影响,很难从长远目的去安排自己的行动。他们容易受到暗示,不加分析地接受周围人的驱使或建议。他们的很多行为带有盲目性,有时根本不考虑行为活动的意义等。

(3)智障残疾人的个性特点

智障残疾人在个性上有明显的特点。这些特点可以表现为意志、情绪、理智、对现实的态度等各个方面。由于大脑某些部位受到损伤,其个性表现是很复杂的。例如,由于脑外伤而造成的智障残疾人常常表现出病态的自尊、暴躁、易激动等特点;患过脑炎而留下后遗症的残疾人往往有易受暗示、轻浮、漠不关心、易激动等特点。因而对于智障残疾人的个性特点很难一概而论,需在具体实践中,结合每个患者在认知、情感、意志上表现出的不同特点进行观察与分析。

二、针对残疾人心理的社会工作介入

(一)残疾人心理社会工作介入的主要内容

残疾人心理社会工作介入,就是要在残疾人服务中,运用社会工作专业理念和技巧，促进残疾人的正常发展，培养其健全人格；预防残疾人的各种心理障碍，消除引起心理压力和各种不良心理的因素。概括来说，残疾人心理社会工作介入的主要内容包括以下几个方面：

第一，提供心理学知识，帮助残疾人及其家庭增强社会适应能力，提高心理素质。

第二，通过有效的交流与沟通方法，协助残疾人及其家庭面对残疾事实，鼓励他们表达感情。

第三，帮助残疾人了解自我，正确认识和对待残疾带来的影响，能够逐渐地认同和接纳自己。

第四，协助政府相关部门对残疾人就业问题进行心理辅导；解决残疾人由于各方面原因导致的压力而产生的个人情绪问题、人际关系问题、教育问题与家庭矛盾。

第五，特殊时期的创伤心理援助，如后天致残出现的心理问题的疏导、求职的心理准备和受挫后的引导、重大自然灾害中的紧急心理援助等。

（二）残疾人心理社会工作介入的要求

1. 充分发挥残疾人的主观能动性

社会工作者要运用各种方法鼓励残疾人发挥主观能动性，回归社会主流。强调自主和参与是残疾人社会工作的重要内容。残疾人心理介入的主要目的，是使残疾人不要纠结于自己失去了什么，而致力于不断思考自己还拥有什么；形成豁达大度、乐观积极的思维方式及处事方法；帮助他们利用自己拥有的资源，积极参与社会，实现自己的人生价值。

2. 运用特殊的沟通技巧

在与残疾人进行交流时，首先要注意一些共通的问题：语言的尊重，避免可能产生误解的词语和句子；表达工作者的同理心；

较多地表示对案主的肯定与支持等。除此之外,各类残疾人在生理上的特殊性要求社会工作者在与其沟通过程中要注意一些特殊沟通技巧的运用。例如,视障残疾人看不到表情和手势,工作者在与其交流中要特别注意语言的速度、语气的轻重缓急等。

3. 重视残疾人的家庭环境

大多数残疾人长期生活在家庭环境中,家庭成员及环境对待残疾人的理念、态度必然会对其心理状态和干预效果产生重要影响。残疾人在感情上和经济上大都对家庭有着较深的依赖性,而家庭对残疾人的态度大致可以分为两类。一类是视残疾人为家庭的拖累和耻辱,对其漠视、冷淡甚至虐待,这必然给残疾人本来就受创的心理带来更深的伤害;另一类是视残疾人为弱者,对其感觉以同情或可怜为主。因此,残疾人心理社会工作介入不仅要针对残疾人个人,也要重视其家庭成员的心理状态。社会工作者要通过积极的了解、有效的沟通,帮助残疾人家庭成员树立正确对待残疾人的态度,为社会工作者有效地介入残疾人心理创造较好的家庭环境。

4. 努力帮助后天性残疾人完成角色转换

一般而言,后天性残疾人产生负性情绪和心理障碍的频率较先天性残疾人要高出许多。当一个健全的社会成员因某种原因残疾后,他原来在社会、家庭中所扮演的一系列角色都会发生变化。因此会表现出情绪低落、反应迟钝、抑郁、焦虑或者急躁、愤怒的心理特征,严重者还会产生情感障碍,出现强迫性情绪、情感脆弱、情感倒退等反应。社会工作者要通过角色支持与矫正等方法帮助后天性残疾人建立正确的角色观念,帮助他们接受、认同新的角色;学会用与新角色相适应的行为、语言完成与他人的交流或参与活动。

(三)残疾人心理社会工作介入的方法

小组工作、个案工作和社区工作是社会工作的三大直接方法，这三种方法在残疾人心理介入中有着独特的视角和作用。

1. 小组工作

将小组社会工作运用于残疾人的心理干预之中，是指小组工作者根据残疾人的不同需求组织开展小组活动，通过小组互助与治疗以充分挖掘残疾人潜能，促进其成长，实现一定社会目标。社会目标模式、治疗模式和互动模式三大小组工作模式运用于残疾人的心理干预中，能更好地实现对残疾人的引导。

(1)社会目标模式

社会目标模式侧重于使残疾人获得社会责任感的价值体验。在活动过程中，参与小组的残疾人被看成一个统一体，通过集体思考、讨论、协作共同完成预定目标。在这一过程中，残疾人的民主意识和参与社会变迁的责任心得到发展和提升，适应社会生活的能力也得到了提高。

(2)治疗模式

治疗模式侧重于引导残疾人实现有效自我认知。在该模式中，小组是进行治疗的媒介。社工运用专业知识和技巧，促进残疾人在沟通和互动过程中增进自我认识，实现行为的转变。治疗模式的特殊性在于引导残疾人提升自我认知的同时，学习人际沟通的方法和技巧，通过其他小组成员共同努力帮助其进行角色定位，重新认识自我。在小组过程中，残疾人可以学习如何更好地与人沟通，从而影响其个人的价值观念、态度及行为。同时，在小组中通过不同经验的分享，可以丰富、增长经验和见识，改善人际关系。社会工作者也要努力为残疾人创造一个良好的小组治疗环境，并为其提供心理康复和行为指导。

(3)互动模式

互动模式侧重于锻炼残疾人融入社会的能力。残疾人在小组中学习如何有效地整合利用社会资源、获取社会资源和适应社会环境并利用社会资源实现既定目标。在整个小组活动过程中，社会工作者要帮助残疾人学习共同思考、团结协作、共同面对环境，既提高成员与他人配合解决问题的能力，也可以用团队的力量来共同解决问题。

2. 个案工作

社会工作者运用个案工作方法，对有心理问题的残疾人，通过一对一的专业辅导，评估其问题，帮助残疾人及其家庭减轻心理压力、挖掘潜能，鼓励他们接触外部环境和积极乐观地生活，并整合案主所拥有的资源，使其能尽快就业和融入社会。在具体工作中，个案工作者对残疾人心理的介入主要包括四个方面的内容。

(1)认知方面的介入

个案工作者可通过认知重建来改善案主的情绪和行为，提升其解决问题的能力。在治疗的过程中，个案工作者首先帮助案主了解他的自我认知和信念，以及这些认知和信念对他的生活所起的作用与影响。然后再与案主一起探讨造成他的困惑与问题的想法，并为改变这样的想法做出努力。

(2)情感方面的介入

残疾人案主由于生理上的残疾，他们中的很多人心理上都很自卑和脆弱。在介入过程中，个案工作者首先要帮助他们恢复自尊和自信，提高他们处理情感问题的能力。工作者要努力营造一种安全的、开放的氛围来倾听案主的心声，让案主倾诉自己的经历及其所思所想，这样的宣泄有助于提升案主的心理健康水平。

(3)环境方面的介入

残疾人案主的心理问题往往是与环境互动的结果，因此，问题的解决必须和环境的改变联系在一起。个案社会工作介入不仅要着力于案主本身心理问题的解决，而且也关注环境对人的影响。社工要加强对环境的介入，通过整合各种社会资源，对案主心理的恢复产生积极的影响。

(4)行为方面的介入

案主的认知得到改善后，个案工作者可以通过系统脱敏等方法对案主进行行为治疗，使案主逐步消除原有不良情绪，最终达到正常状态。

3. 社区工作

社区工作是以整个社区及社区中的居民为服务对象，提供专业助人、利他性服务的一种社会工作方法。具体来说，社区工作可以从以下三个方面帮助残疾人。

(1)促进残疾人的权益保护。社区工作者可以采取社区倡导和社区教育的方法。前者是为一些备受忽视的残疾人争取合理的照顾和利益；后者是要教育社区民众体会一些身处困境的残疾人士的痛苦，以消除他们对残疾人存有的偏见和歧视，从而争取更多的社区居民对残疾人扶助工作的支持和参与。

(2)为残疾人发掘及调动服务资源，以满足残疾人的需求。社区工作者可以运用调动资源、发掘新资源、社区联络等专业方法，加强对残疾人的照顾和支援，从而为残疾人的心理问题解决创造一个良好的资源和人员环境。

(3)进行心理支持和引导。在良好的社区环境中，社区工作者要引导残疾人积极参加社区活动，使他们感受到关爱和温暖，在摒除疏离感的同时，对本社区产生认同感和归属感。在活动中，残疾人可以体会到周围环境的接纳，提升社会参与感和认同度，有助于他们摆脱自卑，恢复自信，建立信念，逐渐改善不良的心理状态。

(四)不同类别残疾人心理的社会工作介入

不同类别的残疾人，其社会工作的介入方法也会存在一定的差别。

1. 视障残疾人的心理社会工作介入

视障残疾人几乎生活在不清晰和黑暗的环境中，失明或视力低下导致其丧失环境信息的获得，缺乏对环境有效控制的能力。一般情况下，视障残疾人是具有自立能力的，但往往表现为自卑、缺乏自信心、人际交往意愿不足及缺乏交往能力等。视障残疾人的特点决定了社会工作者在对这一类别的残疾人进行心理介入时重点是帮助案主克服自卑感，认识到自己的能力和价值，建立自信心。

第一，在介入方法上以个案工作和小组工作为主。在社会福利企业、盲人特殊教育学校和眼科康复医疗机构等视力残疾者较多的地方，小组工作是帮助他们消除自卑心理、增强参与社会自信心、提高生活自理能力的非常有效的工作方式。

第二，在介入过程中，社会工作者应该秉持专业理念，相信残疾人有能力参与社会生活、自立自强；相信残疾人有能力去阐述问题、解释问题乃至解决问题；并要将上述理念传输给残疾人本人，帮助其克服自卑感，建立自信心。

第三，社会工作者还需要进一步设计活动方案，进行角色扮演等，帮助案主扩大人际交往的范围，学习人际交往的方法，适应社会生活，以至于达到正常的生活和工作状态。

第四，社会工作者还要帮助视障残疾人获得他们需要的特殊用品用具，如盲杖、盲表等；帮助他们通过训练获得一些生活技能，如识别人行道上的盲道设施，辨听十字路口安装的盲人过街音响等；帮助他们获得接受教育和就业的机会，如帮助盲人开展按摩服务等；组织视障残疾人参加各种有益的社会活动；参与生活环境的无障碍改造。这些做法和服务有利于增强视障残疾人对社会工作者的信任度，有利于专业关系的建立，进而有利于对他们的心理进行干预。

2. 肢残残疾人的心理社会工作介入

肢残残疾人大致可以分为轻度肢残残疾人和重度肢残残疾人两个群体。由于伤残程度不同，社会工作对这两个群体的介入方式也是有所区别的。

(1)轻度肢残残疾人的社会工作介入

对于具备大部分工作和生活能力的轻度肢残残疾人群体，社会工作者首先要关注他们的生理康复训练问题。该群体的康复训练对他们的心理影响很大，这项工作做好了，肢残残疾人可以终身受益，心理问题的解决也能得到有效改善。社会工作者要配合相关专业人员开展工作，按照残疾者病变、畸形的具体情况，制作合适的矫形、辅助器械，使其及早结束卧床生活而开始运动器官的活动。残疾人可以在此基础上参加适当的工作，组建家庭，平等地参与社会生活，获得心理上的慰藉。在这个基础上，社会工作者运用专业方法与其进行交流与沟通，帮助其协调社会资源，解决心理问题，往往会取得较好的效果。

(2)重度肢残残疾人的社会工作介入

重度肢残残疾人由于全部或大部分失去了劳动能力，无法通过自己的力量获得自立，因此，在不放弃康复训练的前提下，对其心理干预的内容要侧重于两个方面。

第一，通过有效的沟通和交流，帮助残疾人接受既定的现实。同时，鉴于该类残疾人在认知和智商等方面是相对正常的，社会工作者要尽可能地引导其发挥脑力的优势，从事力所能及的活动，促使其认识到生命的意义和价值。

第二，社会工作者要积极调动社会资源，通过政府、社会和残疾者个人的支持网络，尤其是家庭和社区的力量，尽量帮助残疾人解决生活问题，解除其后顾之忧。

3. 听障残疾人的心理社会工作介入

对于听障残疾人，由于“聋”与“哑”一般是相伴随的，因此，对听障残疾人的心理干预首先需要解决沟通的问题。在能够与听障残疾人有效沟通的前提下，社会工作者可以通过自己的方式，详细了解案主的背景资料和存在的问题，运用提供资讯、心理支持、协调资源等方法，帮助案主摆脱心理上的痛苦，学着走向社会。在这一过程中，社会工作者需要根据案主的不同背景和心理状况制定具体的工作方案。但有一些具有普遍性的方法是必需的，如社会工作者要尽可能地为案主及其家人提供可靠的医疗、生活、教育和工作信息；要认真地倾听，鼓励案主袒露心声，释放悲伤，接受感情爆发；要能够有效地运用同理心的技术，感同身受地体验案主的主观想法与情绪；对案主进行正面肯定，提供心理支持；鼓励案主参与计划与活动的讨论，提出解决问题的办法等。

4．智障残疾人的心理社会工作介入

由于智障残疾人部分或大部分缺乏独立思考的能力，甚至不能形成自我意识，因此，对于该群体的介入也不同于其他类别的残疾人。

第一，智障残疾人的观念往往简单而固执，形成和改变某种观念都比较缓慢。社会工作者在帮助其转变时，需要不断地强化正确的认知，运用各种物质奖励和精神奖励塑造其正确的行为，有时还需要辅以实践练习。

第二，社会工作者介入案主心理往往首先需要弄清楚案主需要什么，但智障残疾人经常不能明确地说出自己的内在需求，无法进行有效沟通。这就需要社会工作者通过仔细地观察和了解来获得有效信息，为下一步的介入工作奠定基础。

第三，由于智障残疾人的整个心理水平都是低下的，不能形成完整的人格，甚至只能由生物本能来支配自身的行为，无法进行正常的交流。所以，对于智力障碍的工作对象，社会工作者应该用他们能接受的、最直白的语言直接指出其问题行为背后想法的错误性。特别是当案主是重、中度智障者时，可以不与案主探讨“为什么错了”，而直接进入“做错什么了，应该怎么做”。

第四，智障残疾人的人际交往范围不仅远不如健全人，即便是与其他类别的残疾人比起来也很狭窄。他们对亲近熟悉的家人或抚养人有更多的依赖性。家人或抚养人的思想、观念和行为将会对智障残疾人的心理感受产生非常直接的影响。很多智障残疾人的家人或抚养人往往认为他们傻，只要让他们吃饱穿暖就可以了，其实，即使是最重度的智障残疾人也有基本的获得关爱的需要。社会工作者要注重与案主的家人或抚养人进行积极的交流与沟通，呼吁他们以合适的方式表达关爱，在满足残疾人物质需求的同时也满足他们的精神需求，帮助残疾人心理的成长。

第三节　残疾人社会工作模式探索

对于残疾人社会工作来说，社会工作模式主要包括优势视角模式、家庭残疾人社会工作介入模式、机构残疾人社会工作介入模式以及社区残疾人社会工作介入模式。

一、优势视角模式

（一）优势视角的特征

优势视角是一种关注人的内在力量和优势资源的视角，把人们及其环境中的优势和资源作为社会工作助人过程中所关注的焦点。优势视角基于这样一种信念，即个人所具备的能力及其内部资源允许他们能够有效地应对生活中的挑战。优势视角具有显著的特征，概括来说，这些特征包括以下几方面。

1. 优势视角强调关注残疾人的优势，强调尊重残疾人

从积极的、优势的角度看待残疾人的潜能和显能，有助于社会公众对残疾人群体形成的正确认识，也有助于消除公众对残疾人群体的各种偏见。

2. 优势视角模式拉近了受助者与助人者及社会工作者间的距离

受助者与社会工作者之间的平等，使得受助者的见解、看法或感受能够被充分关注，有利于服务机构及其工作人员从残疾人的真实需要出发来制定各项面对残疾人的政策和福利，从而使涉及残疾人的政策、措施能真正解决残疾人的问题。

3. 优势视角有助于残疾人对自身前景的乐观预期和展望，激发其在困境中奋斗的信心

优势视角强调对残疾人优势的关注和挖掘，通过把残疾人潜藏的优势呈现给公众，使社会公众改变对残疾人能力低下的错误观念，开始以积极的乃至赏识的态度来对待残疾人。这种对残疾人态度和行为的改变，将使得残疾人个体对自我的认识和看法也开始持有一种积极的乐观的评价，这对于残疾人及残疾人工作是十分有益的。

(二)优势视角下残疾人康复中的社会工作介入

具体来说，优势视角下残疾人康复中的社会工作介入主要包括以下几方面。

1. 优势视角下残疾人医学康复社会工作介入

优势视角下的残疾人医学康复主要以改善与恢复残疾者的身体功能为出发点，使其减轻能力障碍，获得最大限度的日常生活能力。社会工作者在其中的主要职责包括以下几方面。

第一，协助康复医疗部门有效使用各种设施，为残疾人提供充分的服务。

第二，协助残疾人及其家属，了解与其康复有关的社会经济和情绪的关系，以促使残疾人及其家属善于利用康复设施。

第三，参与康复医疗部门重要的行政决策，参加各项康复调查研究工作，以提高康复服务的范围和水平。

第四，参与康复医务人员的教育、训练，推广康复工作计划，讲授人类行为、家庭动力以及社会资源等方面的知识。

2. 优势视角下残疾人社会康复社会工作介入

残疾人社会康复是优势视角理念的最终目标。优势视角在残疾人社会康复中一方面强调残疾人自己的不懈努力，另一方面

则呼吁社会为其提供尽可能多的帮助。社会康复工作的内容包括以下几方面。

第一,保障残疾人生存的权利,使其在住房、婚姻家庭等方面得到公平的待遇,有适合其生存的必需条件。

第二,消除家庭、社区和社会的物理性障碍,使残疾人享受社会的公共设施服务,在生活起居方面获得方便。

第三,鼓励残疾人参与社会的政治生活,保障其政治权利。

第四,消除对残疾人的歧视和偏见,激励残疾人自强自立,建立和谐的社会生活环境。

第五,组织残疾人与健全人一起参加社会文化、体育和娱乐活动,通过交往,形成全社会理解、尊重、关心和帮助残疾人的良好风尚。

3. 优势视角下残疾人职业康复社会工作介入

残疾人职业康复以职业为中心,通过职业评估、教育、培养、就业安置、咨询等工作,协助残疾人具备合适的职业适应能力,为残疾人提供参与社会生活的方式。在优势视角下,社会工作者要通过专业手法,围绕职业培训、评估等提高残疾人职业适应能力。这主要包括以下几方面。

(1)残疾人就业前的咨询

社会工作者要针对残疾人的从业心理、对职业和岗位的兴趣进行评估,解答他们有关从业后的劳动报酬及保护条件的问题,使其有信心就业。

(2)残疾人的适应性培训

一旦确认残疾人适合某项工作,社会工作者要对其进行心理训练和技能训练,目的是使其能较为顺利地适应岗位的要求,增强残疾人的工作信心。

(3)残疾人就业评估

一旦残疾人就业后,社会工作者还要对其就业现状、适应工作能力等方面进行跟踪调查,切实满足残疾人的工作需求。

4. 优势视角下残疾人教育康复社会工作介入

残疾人教育康复是指对肢残人进行普通教育，对聋哑人、盲人、智障人士进行特殊教育而采取的一切措施。在优势视角理念下，残疾人教育康复主要包括以下两种方式。

(1)完善残疾人教育方式

社会工作者要参与到残疾人教育活动中来，积极完善当前的残疾人教育方式。对于普通教育，要灵活安排课程教学，适时对内容做出增补或修改，提高教材质量；对于特殊教育，要依据残疾人的身心特性和特殊需要实施教育。对盲聋哑和智障学生的课程设置、教育教具、教学方法及入学年龄等，都要依据其特性和实际需要而定。

(2)鼓励残疾人接受教育

从残障人的角度看，接受特殊教育是他们应该享有的一项基本权利。通过接受代偿性训练，可以在一定程度上补偿丧失的那部分感官功能，为进一步接受教育创造条件，以便积极参加正常的社会生活。从社会的角度看，教育是提高人力资本的主要因素，对残疾人进行教育康复与训练，可使他们获得基本的生活能力和一定的谋生能力。社会工作者要以社区为依托，通过宣传、引导等方式，最大限度地鼓励残疾人接受教育。

二、家庭残疾人社会工作介入模式

(一)家庭残疾人的特征

家庭残疾人是指以家庭为所属单位的残疾人个体。家庭残疾人的特点主要表现在以下几个方面。

1. 自卑感

自卑感是每个家庭残疾人都有的一种情感体验。残疾人在生理上或心理上的缺陷使他们在学习、生活和就业方面遇到的困难比普通人多得多，虽然身处家庭成员的包围之中，但是从亲属那里得不到足够的帮助，甚至遭到厌弃或歧视，这样就会产生自卑情绪。他们在婚恋、家庭和就业等问题上比普通人困难得多，可能加重自卑的情感体验。

2. 孤独感

孤独感是残疾人普遍存在的一种情感体验。残疾人在生理上或心理上有某种缺陷(如聋哑人言语障碍、肢残人和盲人行动障碍)，在社会上常常受到歧视，活动的场所太少，不得不经常待在家里，久而久之，孤独感就会产生，随着年龄的增长，孤独感的体验会日益增强。

3. 敏感、自尊心强

由于残疾人身上的残疾容易使自己过多地注意自己，因而对别人的态度和评论都特别敏感，尤其是容易计较别人对他们不恰当的称呼。如果别人做出有损于他们自尊心的事情，他们往往难以忍受，甚至会立即产生愤怒情绪，或采取自卫的手段加以报复。

4. 富有同情心

残疾人对自己的同类有特别深厚的同情心，不是同类的残疾人却很少交流，如盲人很少与聋哑人交流，更少通婚，不是因为其没有同情心，而是因为残疾类型不同，交流起来很不方便。

5. 情绪反应强且不稳定

这种特点在许多残疾人身上都相当突出。聋哑人情绪反应强烈，而且多表现于外，容易与别人发生冲突；盲人情绪反应则多隐藏于内，虽然情感体验很激烈，但情绪表现不十分明显，而且爆发性情感较少。

（二）家庭残疾人社会工作的主要方法

家庭残疾人社会工作的主要方法包括以下几种。

1. 家庭残疾人恳谈

家庭残疾人恳谈是一种群体工作，由社会工作者、心理医生和护士等人共同参与，服务对象则是残疾人家庭的全体成员。家庭残疾人恳谈一是为了广泛深入地寻找困扰残疾人的家庭因素，了解并评价残疾人家庭成员的互动反应及角色关系，改善成员间的不良关系；二是为了协助残疾人及其家庭认清问题所在，做出明智的选择，增强把握现实的能力。

家庭残疾人恳谈是一种非常重要的工作技巧。恳谈技巧因残疾人的文化背景、心理特征而异。家庭残疾人恳谈以心理学、社会学、行为学为理论依据，认为通过残疾人家庭成员的恳谈和互动，可以有效解决某个家庭成员心理或行为的适应问题，同时有利于残疾人家庭成员的互动。

2. 家庭残疾人个案工作

家庭残疾人个案工作的服务对象是家庭内的残疾人，所以家庭残疾人个案工作要把重点放在家庭的角色关系上，以残疾人家庭整体作为援助对象，帮助其家庭成员角色的调适。举例来说，对一个由于生理问题而致残的残疾人案主来说，在医生那里，可能会注重其身体方面的缺陷所导致的行动不便，甚至对家庭成员的影响；在心理学家那里，可能会分析是他的心理疾病引起了家庭关系的紧张，社会工作人员分析的着眼点：是否因为家庭关系的紧张，比如夫妻不和，受到离婚的威胁，却又不愿意离婚等，焦虑和烦恼引起心理疾病，这样以心理障碍为焦点，就是家庭残疾人社会工作的特点。家庭残疾人个案工作的另一个特点，就是从社会制度的角度来帮助家庭整体。家庭是社会的基本单位，是残疾人人格形成不可缺少的因素，对残疾人而言，家庭是自己稳定的避难所，家庭给他以安定感，家庭和残疾人是密不可分、息息相关的，家庭关系是长久的，残疾人在角色实行上的障碍，将直接影响家庭生活，使家庭生活陷于混乱的状态，而混乱的家庭生活又反过来影响着每个家庭成员，所以，帮助家庭中的残疾人，也就帮助了家庭整体，有利于家庭功能的恢复和家庭制度的健全。

3. 残疾人家庭治疗

残疾人家庭治疗是以残疾人整个家庭而非某个特定的残疾人为治疗目标，着眼于残疾人整个家庭成员之间的互动和沟通关系，促进成员之间的理解，从而解决问题达成残疾人家庭和谐的一种治疗模式。残疾人家庭治疗主要涉及以下要素：

(1)目的

改变残疾人家庭沟通和互助关系，使残疾人心理症状改善，使得残疾人家庭成员有征兆的行为消失于无形。

(2)系统

残疾人家庭由几个不同部分组成却相互依赖与影响，所以治疗者要介入残疾人家庭系统，使其产生好的改变。

(3)回馈

回馈指系统调整的历程。

(4)适用对象

残疾人家庭中所有的成员。

残疾人家庭治疗的核心观点是：残疾人的行为是在与家人的互动过程中产生的，残疾人的问题其实只是家庭系统问题的表征而已，所以治疗时需将残疾人及其家人一起纳入进来一并治疗。

三、机构残疾人社会工作介入模式

(一)机构残疾人社会工作的特征

机构残疾人社会工作就是残疾人机构内的社会工作，相对于其他的残疾人社会工作领域，机构残疾人社会工作的活动内容要复杂得多，主要包括残疾人健康咨询、心理辅导、法律援助等。机构残疾人的社会工作具有显著的特点，概括来说，这些特点主要包括以下几方面。

1. 服务对象以残疾人群体为主

机构社会工作是支持和保护残疾人群体必不可少的重要力量，其原因包括以下几方面。

第一，针对残疾人社会资本缺乏的处境，社会工作者可以为残疾人联系某些社会资源，帮助受助者在合法的条件下获得某种物质上的支持。

第二，社会工作对弱势群体的援助是建立在专业性基础上的，具有有操作性和技术性。

第三，社会工作追求社会公正，通过服务、宣传、影响社会政策等方式帮助残疾人，把维护残疾人的合法权益置于重要位置。

第四，社会工作人道主义的专业传统、利他主义的专业导向、促进社会正义的专业责任感，使其对弱势群体的援助具有更微观、更具体、更人性化的特点。

2. 宗旨体现社会工作价值观

在机构宗旨上，体现的社会工作理念主要是助人自助、整合资源、服务残疾人，为建设和谐社会贡献力量；坚持“机构为本、资产为本、以人为本”的服务理念，立足于机构残疾人需要，有效运用社会资源，提供优质、专业的社会服务，提升残疾人生活品质。

3. 服务活动具有公益性的特点

机构社会工作的公益性缘于其组织性质，服务机构既不是政府组织，也不是以营利为目的的企业，它之所以能够存在和发展，完全取决于其公益性质，即它以服务于社会、公众及残疾人为目的。

(二)机构残疾人社会工作的主要方法

机构残疾人社会工作的主要方法包括以下几种。

1. 机构残疾人小组工作

在残疾人机构中,社会工作者可以为有共同需要和问题的残疾人开展社交康乐等小组活动。对于有共同需要和问题的残疾人,通过小组的形式,让残疾人在游戏和讨论中和谐共处,体验团队精神,分享和交流心得,解决共同问题。例如,可针对视障残疾人开展互助小组;针对有共同爱好的残疾人开展手工艺小组、读报小组、乐曲小组等社交康乐性小组活动等。同时,社会工作者介入后,还能重新发掘残疾人的潜能和余热,强调残疾人活动要自主参与、自主管理和自我发展,改变以往残疾人机构工作人员大包大揽的局面,让残疾人能够充分参与到机构生活中,增进残疾人和工作人员间的沟通,促进良好关系的建立,从而能帮助残疾人恢复自尊、自信,达到自我成长的目的。

2. 机构残疾人个案工作

第一,个案工作可以帮助机构内的残疾人适应机构生活。残疾人进入机构后,会面临生活环境、生活规律、交往方式等情况的适应问题。这时,社会工作者要及时地跟进,为他们提供适应情况的评估,并根据评估结果和残疾人的不同需求分别予以处理。例如,对情绪低落的残疾人进行安抚,对行为异常的残疾人进行心理辅导,对社交有障碍的残疾人进行人际沟通的训练等。这样可以帮助残疾人尽快地了解和熟悉机构的生活,为新人住残疾人提供社会支持。

第二,可以采用个案管理的方法为有心理、情绪、行为问题的残疾人提供咨询和辅导。将个案管理的理念和方法运用到社工服务中来,通过个案会议的形式,充分调动与个案相关的人员的积极性,整合各方资源,为残疾人提供综合照顾服务。

3. 机构残疾人社区工作

(1)整合社会资源,为残疾人提供义工服务是机构社会工作者的一项特别工作

社会上有一些团体和个人很热衷于来残疾人机构为残疾人提供服务,他们是残疾人机构可利用的宝贵资源。

首先,社工要充当组织者,通过主动联系,同机构形成相对稳定的合作关系,并通过需求和能力评估,为义工和残疾人进行互助组合。

其次,社会工作者可扮演培训者和资源提供者的角色,协助残疾人接纳义工服务,并对义工进行培训,指导他们学会与各种残疾人沟通的方法,提供他们所需要的残疾人的基本资料以及开展服务所需要的一些资源等。社会工作者也可以建立起一套义工管理的规范,包括义工的申请、登记、培训、督导和奖励等,从而初步形成社工、义工的联动机制。

(2)组织机构中有能力的残疾人参与社区活动,为社区建设发挥余热

例如,可以让那些有文化的残疾人到社区开展讲座,宣传安全知识、法制知识等,还可以让残疾人到社区中去执勤,为社区的安全工作做贡献。让残疾人积极参与到社区的活动中去,对于他们的心理、精神都是很大的鼓励,有助于丰富他们的业余生活。

总之,在我国正进行的社会福利体制改革的大背景下,将社会工作专业运用到残疾人机构之中,这对于转变传统残疾人机构的理念,提升其服务质量,改善残疾人的生活品质具有重要意义。

四、社区残疾人社会工作介入模式

(一)社区残疾人社会工作的特征

社区残疾人社会工作是指依托社区、充分利用社区资源为残

疾人服务,不断满足残疾人日益增长的物质需求与精神需求,促进残疾人平等参与社会生活的一项工作。社区残疾人社会工作是伴随我国城市社区建设而新开辟的工作领域,是社区建设的重要组成部分,同时也是我国残疾人事业为适应经济和社会发展而拓展的业务领域。社区残疾人社会工作具有以下几个特点。

第一,依靠社区原有的卫生保健、社会保障、社会服务网络等多方共同协力开展康复服务。社区残疾人社会工作既是社区的卫生保健工作,又是社区的社会福利和社会服务工作,要求社区的卫生、民政、社会服务等部门共同参与,密切配合,形成合力,开展工作。

第二,以社区为基地,由社区组织领导,社区成员全面参与。社区残疾人社会工作是在社区范围内进行的,是社区经济和社会发展事业的一个组成部分。因此,由社区负责计划、组织和领导,全社区参与,依靠社区资源(人力、物力、财力)开展社区残疾人社会工作。

第三,社区残疾人社会工作就地就近,方法简单易行,技术实用有效,器材因陋就简、就地取材,对象为社区残疾人、老年人、慢性病患者,训练时间经常、持久。

第四,充分发挥残疾人本人、残疾人家庭和残疾人组织(如残联、残疾人协会等)在社区残疾人社会工作中的作用。在社区残疾人社会工作中,要求必须有残疾人及他们的家属、残疾人组织代表参与决策、计划与实施。因此,社区康复有很强的针对性,能真正做到"按需康复",能真正解决残疾人的实际困难,满足残疾人需要。

第五,按照全面康复的原则为社区残疾人提供医疗、教育、职业、社会等方面的康复服务。在执行社区残疾人社会工作时,一方面要充分发挥社区的潜力,在社区力所能及的范围内尽量为残疾人进行身心的功能训练,帮助上学和就业,促进残疾人回归社会、融入社会;另一方面要充分发挥当地康复中心、康复医院、学校和省、市、县的残疾人康复服务指导中心(部、站)等康复技术资源的支持作用,尽量使社区的残疾人得到全面康复。

(二)社区残疾人社会工作的主要方法

在社区内开展残疾人社会工作，基本方法包括以下几步。

1. 成立组织

成立本社区的“残疾人社区康复领导小组”，由社区领导、社区民政部门或社区服务部门、卫生部门或社区医院和卫生院、文教部门负责人、社区红十字会、妇女协会、青年协会等群众团体代表、残疾人代表、志愿人员代表等组成，负责筹划、组织、领导本社区康复工作。

2. 拟订计划

进行调查研究，制定本社区开展社区康复工作的计划。“残疾人社区康复领导小组”召开会议，学习上级有关部门关于残疾人康复工作的指示和计划，听取社区内有关部门汇报残疾人情况，召开残疾人或其家属代表的座谈会，了解本社区残疾人对康复工作的需求，在此基础上制定出开展社区康复工作的计划。

3. 培训骨干

选拔培训基层康复员，基层康复员的职责是指导和监测残疾人进行家庭康复训练。一般每两千人口设一名基层康复员(兼职性质)，在农村可由农村卫生员或农村医生担任，在城镇街道可由红十字卫生员或街道居委会骨干担任。选拔基层康复员要具备以下条件。

第一，年龄 17～55 岁。

第二，自愿从事残疾人康复工作。

第三，身体健康，能坚持工作。

第四，热心群众工作，在本村或本居委会有一定的群众基础。

第五，初中以上文化程度，能听懂和看懂简易的辅导材料。

基层康复员的培训可采取集中或分散的方式进行，集中 5～7

天时间办班(每天上课),或分散在3～4周时间办班(每周上课2或3次,每次半天)。培训内容主要是如何普查残疾,查出残疾者,如何根据残疾人的情况选择康复训练方案和指导具体训练等。

4. 普查残疾

普查残疾分为初查和复查两种。

(1)初查

由基层康复员进行,在分管乡村或社区范围内,挨家挨户按《残疾初查表》的项目进行询问和登记。初查的目的是要查出哪一户哪一家有残疾人。

(2)复查

由社区医务人员与基层康复员一起进行,按《残疾复查表》的项目对在初查中初步查出的残疾人进行上门复查。复查的目的是确定残疾种类、残疾严重程度、康复需求等,为制定康复计划提供依据。

5. 开展康复训练

开展康复训练主要是家庭康复训练。首先选定一名残疾人的家属作为“家庭训练员”,负责每天指导和帮助该家庭中的残疾人在家进行功能锻炼。功能锻炼的方案由基层康复员选定,再将所列方法教会家庭康复员,然后由家庭康复员指导残疾人进行练习。一般每天练习1次或2次。基层康复员每周1次或2次上门访问,观察、了解康复功能训练的情况,给家庭训练员和残疾人提供指导。在家庭训练的基础上,如有条件也可以开展社区康复训练站的功能训练。在人口比较集中、残疾人比较多的社区可设置社区康复训练站,配置简单的功能训练器材,由值班(兼职或专职)人员进行简单的指导和服务,住在附近的残疾人可以自己步行,或坐轮椅,或由家人扶持到站进行功能训练。

6. 发展、提高

在小结、评估的基础上进一步发展和深化社区康复工作,提高工作水平和效益,并把行之有效的经验加以推广。

参考文献

[1]段晓清,薛和.当代社会工作[M].北京:中国时代经济出版社,2003.

[2]范明林.社会工作理论与实务[M].上海:上海大学出版社,2007.

[3]顾东辉.社会工作概论[M].上海:复旦大学出版社,2008.

[4]何雪松.社会工作理论[M].上海:上海人民出版社,2007.

[5]黄晓燕.儿童社会工作服务指南[M].北京:中国社会出版社,2016.

[6]库少雄.社会工作实务[M].北京:社会科学文献出版社,2002.

[7]刘少杰.国外社会学理论[M].北京:高等教育出版社,2006.

[8]廖荣利.社会工作理论与模式[M].台北:五南图书出版公司,1987.

[9]李培林,王春光.当代中国社会工作总论[M].北京:社会科学文献出版社,2014.

[10]李莉,李金红.社会工作导论[M].北京:中国人民大学出版社,2014.

[11]李迎生.社会工作概论[M].北京:中国人民大学出版社,2010.

[12]陆士桢,王玥.青少年社会(第2版)[M].北京:社会科学文献出版社,2010.

[13]邱仁宗.价值与社会[M].北京:中国社会科学出版社,1997.

[14]全国社会工作者职业水平考试教材编写组.社会工作综

合能力(初级)[M].北京:中国社会出版社,2011.

[15]史柏年,马凤芝.社会工作实务[M].北京:社会科学文献出版社,2007.

[16]时立荣.社会工作行政[M].北京:中央广播电视大学出版社,2011.

[17]社会工作者职业水平考试精编教材编委会.社会工作实务[M].北京:企业管理出版社,2016.

[18]社会工作者职业水平考试精编教材编委会.社会工作综合能力[M].北京:企业管理出版社,2016.

[19]王思斌.社会工作导论(第2版)[M].北京:高等教育出版社,2013.

[20]许丽娅.个案工作[M].北京:高等教育出版社,2004.

[21]徐震.社区与社区发展[M].台北:正中书局,1998.

[22]徐永祥.社区工作[M].北京:高等教育出版社,2004.

[23]姚云云,等.社会工作基础理论与实务[M].哈尔滨:哈尔滨工程大学出版社,2016.

[24]徐月宾,郭名倞.老年社会工作实务[M].北京:中国社会出版社,2015.

[25]张李玺.妇女社会工作[M].北京:高等教育出版社,2008.

[26]张乐天.社会工作概论(第3版)[M].上海:华东理工大学出版社,2007.

[27]周沛.社区社会工作[M].北京:社会科学文献出版社,2002.

[28]周沛等.残疾人社会工作[M].北京:社会科学文献出版社,2012.

[29]中国社会工作教育协会.妇女社会工作[M].北京:高等教育出版社,2008.

[30][法]布迪厄.文化资本与社会炼金术[M]包亚明,译.上海:上海人民出版社,1997.

[31][美]罗纳德·W.特斯兰,罗伯特·F.理瓦斯.小组工作

导论(第5版)[M].刘梦,译.北京:中国人民大学出版社,2010.

[32][英]马尔科姆·派恩.现代社会工作理论(第3版)[M].冯亚丽,叶鹏飞,译.北京:中国人民大学出版社,2008.

[33]付立华.社会生态系统理论视角下的社区矫正与和谐社区建设[J].中国人口·资源与环境,2009(4).